Einführung	4
Methodisch-didaktische Konzeption	8
Tipps zu Lektion 1: Hallo! Wie geht's?	14
Tipps zu Lektion 2: Meine Familie und ich	17
Tipps zu Lektion 3: Im Deutschkurs	20
Tipps zu Lektion 4: Im Supermarkt	23
Tipps zu Lektion 5: Von morgens bis abends	26
Tipps zu Lektion 6: Auf Wohnungssuche	29
Tipps zu Lektion 7: In der Stadt unterwegs	32
Tipps zu Lektion 8: Mein Beruf	35
Tipps zu Lektion 9: Beim Arzt	38
Tipps zu Lektion 10: Gestern und heute	41
Tipps zu Lektion 11: Wir gehen shoppen!	44
Tipps zu Lektion 12: Endlich Frühling!	47
Tipps zum Aussprachetraining	50
Tipps zu den Prüfungen	54
Lösungen zum Kursbuchteil A1	62
Lösungen zum Übungstest	65
Hörtexte zum Kursbuchteil A1	66
Hörtexte zum Übungstest	72
Alphabetische Wortschatzliste zu A1	74

Verwendete Abkürzungen

AB Arbeitsbuch

EA Einzelarbeit

GA Gruppenarbeit

HV Hörverstehen

KAB Kurs- und Arbeitsbuch

KB Kursbuch

KL Kursleitende

PA Partnerarbeit

PL Plenum

TN Teilnehmende

EINFÜHRUNG

Liebe Kursleiterinnen und Kursleiter,

wir freuen uns, dass Sie *Einfach gut!* in Ihrem Unterricht einsetzen. Dieser Leitfaden enthält:

- Informationen zu Aufbau und Konzept des Lehrwerks

- detaillierte Hinweise zur Arbeit mit den einzelnen Lektionen im Unterricht

- Vorschläge für zusätzliche Übungs- und Variationsmöglichkeiten

- Tipps zur Binnendifferenzierung

- Tipps zu den Prüfungen

- Lösungen zu den Übungen im Kursbuch

- Transkriptionen der Hörtexte im Kursbuch

Schauen Sie auch auf unserer Webseite vorbei. Unter https://www.telc.net/einfach-machen.html finden Sie zusätzlich immer aktuelle Informationen und Materialien.

Wir wünschen Ihnen und Ihren Kursteilnehmerinnen und -teilnehmern viel Spaß mit *Einfach gut!*

Ihr telc Team

Zielgruppe

Einfach gut! wurde speziell für den Einsatz in Integrationskursen entwickelt. Es eignet sich für Erwachsene und junge Erwachsene ab ca. 16 Jahren, die keine oder nur geringe Deutschkenntnisse haben.

Lerngewohnte Teilnehmerinnen und Teilnehmer können mit *Einfach gut!* schnell Fortschritte machen. Damit kommen wir all denjenigen entgegen, die einen zügigen Einstieg ins Berufsleben anstreben. Mit etwas mehr Zeit und zusätzlichen Impulsen können auch nicht-lerngewohnte Teilnehmerinnen und Teilnehmer sehr erfolgreich mit dem Lehrwerk arbeiten. Sprachstrukturen werden nach der ersten Einführung häufig noch einmal in einer späteren Lektion aufgegriffen, um sie zu vertiefen und auch schwächeren Lernenden die Chance zu geben, sich wichtige grammatikalische Phänomene zu erarbeiten. *Einfach gut!* bietet außerdem vielfältige Möglichkeiten zur Binnendifferenzierung. Konkrete Hinweise dazu finden Sie im Abschnitt *Tipps zu den Lektionen 1-12*.

Einfach gut! ist sowohl für erfahrene als auch für unerfahrene Lehrkräfte geeignet. Durch den übersichtlichen und klar strukturierten Aufbau des Buches ist der Einsatz im Unterricht ohne große Vorbereitung möglich.

Aufbau des Lehrwerks

Einfach gut! ist ein dreistufiges Lehrwerk bestehend aus sechs Bänden:

- Band A1.1 und A1.2 führen zum Niveau A1

- Band A2.1 und A2.2 führen zum Niveau A2

- Band B1.1 und B1.2 führen zum Niveau B1

Das Kursbuch

Kurs- und Arbeitsbuch sind jeweils in einem Band zusammengefasst. Der erste Teil ist das Kursbuch. Pro Band enthält *Einfach gut!* **sechs Lektionen**, die alle eine einheitliche Struktur haben. Jede Lektion enthält

- **eine Einstiegsseite,** die einen flexiblen, spontanen Zugang zum Thema der Lektion ermöglicht,

- **drei Doppelseiten,** auf denen der neue Lernstoff in lebendigen Alltagssituationen präsentiert und geübt wird,

- **eine Übersichtsseite**, die einen Überblick über relevanten Wortschatz und wichtige Grammatikthemen gibt.

Die Lösungen zu den Übungen im Kursbuch und die Transkriptionen der Hörtexte finden Sie in diesem Leitfaden hinten. Im Buch sind sie nicht enthalten. Natürlich spricht nichts dagegen, dass Sie ihrer Lerngruppe Kopien der Hörtexte zur Verfügung stellen, aber im Unterricht sollen sich die TN zunächst so mit den Übungen auseinandersetzen, wie sie ursprünglich angelegt sind. Die Tonmaterialien für die Hörübungen im Kursbuch können Sie auf unserer Webseite herunterladen.

Das Arbeitsbuch

Im Arbeitsbuch finden Sie vertiefende Übungen zu den einzelnen Lektionen im Kursbuch, inklusive Lernwortschatz, und einen Übungsteil zur Phonetik.

Der Übungsteil zur Phonetik ist bewusst separat gehalten, um Lehrkräften die Möglichkeit zu konzentriertem **Aussprachetraining** zu geben. Auf der Stufe A1 ist es wichtig, von Anfang an eine möglichst natürliche Intonation und Aussprache zu erlernen, um Verständigungsschwierigkeiten zu vermeiden. Häufig führen Ausspracheprobleme zu frustrierenden Erlebnissen im Kontakt zu deutschsprechenden Menschen außerhalb des Kursraums. Der Übungsteil zur Aussprache bietet nicht nur Übersichten zu dem Lautinventar des Deutschen, sondern vor allem auch kommunikative Übungen zur Bewusstmachung der wichtigsten phonetischen Phänomene. Entscheiden Sie selbst, an welchen Punkten im Unterricht Sie die Übungen einsetzen möchten. Das Vokabular ist nicht in jedem Fall bekannt; machen Sie Ihre TN darauf aufmerksam, dass es hier in erster Linie um Aussprache geht und daher nicht jedes Wort inhaltlich verstanden werden muss.

Viele TN werden sich auch eigenständig mit den Phonetik-Übungen beschäftigen wollen. Nicht jede Übung eignet sich zum Selbststudium, aber die im Buch integrierte Audio-CD kann sehr gut immer wieder einmal abgehört werden, um ein Gefühl für den Klang der deutschen Sprache zu entwickeln. TN, denen kein CD-Player zur Verfügung steht, können sich die Audio-Dateien downloaden.

Die **vertiefenden Übungen** im Arbeitsbuchteil dienen dazu, die Inhalte der Lektionen zu festigen und zu erweitern. Die Übungen sind den Aufgaben im Kursbuch zugeordnet und durch Verweise eng miteinander verknüpft. Das Arbeitsbuch unterscheidet sich vom Kursbuch darin, dass sich die Aufgaben zur eigenständigen Arbeit am Stoff eignen. Deshalb sind die Audio-CDs mit den Tonmaterialien, die Transkriptionen der Hörtexte sowie die Lösungen zu den Übungen im Buch enthalten.

Am Ende jeder Lektion des Arbeitsbuches steht der **Lernwortschatz**, eine Liste mit dem wichtigsten A1-Wortschatz zum jeweiligen Themenbereich. Ermutigen Sie die TN, den freien Platz zum Schreiben eigener Anwendungsbeispiele zu nutzen. Der Lernwortschatz hilft den TN, sich bewusst und eigenständig mit dem Aufbau ihres Vokabulars zu beschäftigen. Auf eine vollständige Wortschatzliste wurde in diesem Buch bewusst verzichtet. So eine Liste ist eher relevant für Kursleitende und wird dementsprechend zum Download angeboten.

Prüfungsvorbereitung

Die Bände A1.1 und A1.2 enthalten jeweils zwei **Zwischentests**, die die TN mit typischen telc Prüfungsaufgaben vertraut machen und auf den Übungstest *Start Deutsch 1/telc Deutsch A1 (für Zuwanderer)* vorbereiten. Die Aufgaben sollten im Unterricht in Einzelarbeit bearbeitet und anschließend ausführlich besprochen werden.

Band A1.2 enthält zusätzlich zu den Zwischentests einen kompletten Übungstest *Start Deutsch 1/telc Deutsch A1 (für Zuwanderer)*, der die „richtige" Prüfung exakt abbildet. Bevor Sie den Übungstest durchführen, machen Sie die TN mit dem Format der Prüfung und dem Antwortbogen vertraut. Das gibt Sicherheit und spart später in der Prüfung Zeit. Erklären Sie, dass die Prüfungsteile und die Aufgabentypen immer gleich sind. Auch der Antwortbogen sieht immer so aus, wie im Buch abgebildet. Das Markieren der Lösungen kann daher im Vorfeld gut geübt werden. Die TN sollen wissen, dass sie in der Prüfung keine Überraschungen befürchten müssen. Um die Gruppe optimal auf die Prüfung vorzubereiten, bietet es sich an, einen Übungstest unter Prüfungsbedingungen durchzuführen. Hinweise dazu finden Sie im Teil *Tipps zu den Prüfungen*.

TN, die keine Prüfung ablegen wollen, können die Zwischentests und den Übungstest zur Wiederholung und Leistungskontrolle nutzen.

Der Anhang

Im Anhang finden Sie eine **Grammatikübersicht**, in der alle Grammatikthemen des Buches zusammengefasst sind. Die Übersichten und Beispiele eignen sich gut zum schnellen Nachschlagen. Damit auch weniger grammatikaffine Lerner mit den Übersichten arbeiten können, werden keine Regeln formuliert, sondern die Strukturen nach Möglichkeit so dargestellt, dass ihre Logik erschlossen werden kann.

Downloads und Online-Materialien

Um Lehrkräfte bestmöglich zu unterstützen, bieten wir auf unserer Internetseite Zusatzmaterialien an, die Sie kostenlos herunterladen können. Das Angebot wird in regelmäßigen Abständen aktualisiert und erweitert.

Zeitrahmen

Für jedes Niveau sind etwa 170 Unterrichtseinheiten vorgesehen:

- 10 UE pro Lektion im Kursbuch,

- 3 UE pro Lektion im Arbeitsbuch plus Aussprachetraining,

- 13 UE für die Prüfungsvorbereitung,

- Hinzu kommen Aussprachetraining, Zwischentests, Wiederholungen etc.

Aufbau der Lektionen

Die Einstiegsseite

Die erste Seite jeder Lektion

- macht die TN mit dem Thema der Lektion bekannt,

- stellt erste Wörter und Redemittel aus dem neuen Themenbereich vor,

- weckt das Interesse und aktiviert das lebensweltliche Vorwissen der Lernenden,

- entlastet den Lernstoff in der Lektion,

- ermöglicht einen individuellen und flexiblen Einstieg in das Thema.

Der Einstieg geschieht hauptsächlich **über Bilder, die Emotionen hervorrufen und/oder Assoziationen auslösen**. Das Ziel ist es, die TN zum Sprechen zu bringen und Vorkenntnisse zu aktivieren. Die Wörter und Redemittel auf der Seite helfen dabei.

Sollten die TN keine eigenen Ideen haben, unterstützen Sie sie mit einfachen **Fragen** wie: *Was sehen Sie auf den Fotos? Wo sind die Leute? Was machen sie?*. Je größer die Ausdrucksmöglichkeiten der TN werden, desto vielfältiger darf auch Ihr Fragenrepertoire sein. Ermutigen Sie die Gruppe zunehmend, auch über persönliche Erfahrungen zu sprechen: *Kennen Sie die Situation? Wie ist das in Ihrem Land?* Auf diese Weise kommen einfache authentische Gespräche zustande, die für viele TN ein Motivationsschub sind. Um einen spontanen, assoziativen Einstieg in das Thema zu ermöglichen, sollten sich die TN **frei äußern** können. Wir empfehlen deshalb, in dieser Phase nur Fehler zu korrigieren, die zu Missverständnissen oder einem Scheitern der Kommunikation führen. Auch nonverbaler Ausdruck (z. B. Gestik, Mimik, Zeichnungen) ist hier als Kommunikationsstrategie willkommen.

Die **Einstiegsseiten der ersten Lektionen** spielen eine besondere Rolle, da die sprachlichen Mittel der TN hier noch sehr begrenzt sind. Auf den Fotos sind deshalb Situationen abgebildet, mit denen sich die TN sofort identifizieren können (z. B. eine Unterrichtssituation). Das erleichtert das Erfassen der kommunikativen Situation (z. B. sich vorstellen) und hilft beim Erlernen der ersten Redemittel.

Die Lektionsseiten

Auf die Einstiegsseite folgen drei Doppelseiten, auf denen

- der neue Lernstoff (Grammatik, Wortschatz, Strategien) vorgestellt und geübt wird,

- die vier Fertigkeiten (Sprechen, Schreiben, Hören und Lesen) systematisch trainiert werden.

Die Doppelseiten sind in sich abgeschlossen und bauen aufeinander auf. Das Lektionsthema ist für alle gleich, sie haben aber **jeweils einen anderen inhaltlichen Schwerpunkt**. In der Kopfzeile sehen Sie, um was es auf der jeweiligen Doppelseite geht.

Neue Grammatik oder Strukturen werden immer anhand eines Beispiels vorgestellt. Meistens handelt es sich um einen kurzen Text (oft mit Einsetzübung), der den Lernstoff in einem alltagsnahen Kontext präsentiert. Darunter oder daneben finden Sie einen Grammatikkasten, der die neuen Strukturen noch einmal isoliert, also aus dem Kontext herausgelöst, darstellt. Die Information in den Grammatikkästen ist kurz und knapp, um den Blick der TN auf das Wesentliche zu lenken. Die unterschiedlichen Farben helfen dabei, grammatikalische Muster zu erkennen und sich Strukturen bewusst zu machen. Die Grammatik soll allerdings nicht im Mittelpunkt stehen, sondern die Kommunikation unterstützen.

Die Übersichtsseite

Jede Lektion endet mit einer Übersichtsseite. Unter der Überschrift **Sprachbausteine** werden hier noch einmal die wichtigsten Redemittel bzw. Vokabeln aus der Lektion zusammengestellt. Die Übersicht eignet sich gut zum schnellen Nachschlagen, hilft den TN aber auch bei schriftlichen und mündlichen Übungen, in denen sie frei formulieren oder vorgegebene Texte variieren sollen.

Auf der unteren Hälfte der Übersichtsseite wird die **Grammatik** der Lektion zusammengefasst und anhand von Beispielen verdeutlicht. Vertiefende Übersichten zu den einzelnen Grammatikthemen befinden sich – wie oben beschrieben – im Anhang.

KONZEPT

Einfach gut! orientiert sich, wie alle telc Prüfungen auch, am **Gemeinsamen Europäischen Referenzrahmen für Sprachen** (GER) und entspricht **den curricularen Vorgaben und Handlungsfeldern des Bundesamtes für Migration und Flüchtlinge**.

Auf dem Niveau A1 haben wir die hervorgehobenen Handlungsfelder besonders berücksichtigt:

Übersicht über die Handlungsfelder:	Übergreifende Handlungsfelder:
Ämter und Behörden	Umgang mit der Migrationssituation
Arbeit	Realisierung von Gefühlen, Haltungen und Meinungen
Arbeitssuche	Umgang mit Dissens und Konflikten
Aus- und Weiterbildung	**Gestaltung sozialer Kontakte**
Banken und Versicherungen	Umgang mit dem eigenen Sprachenlernen
Betreuung und Ausbildung der Kinder	
Einkaufen	
Gesundheit	
Mediennutzung	
Mobilität	
Unterricht	
Wohnen	

In Zusammenarbeit mit erfahrenen Kursleiterinnen und Kursleitern haben wir **realitätsnahe Themen** ausgewählt, die der Lebenswirklichkeit der TN entsprechen und ihnen helfen, ihren Alltag in Deutschland selbstständig zu meistern. Dabei muss man allerdings berücksichtigen, dass die Lerngruppen in den meisten Integrationskursen nicht einheitlich sind. Die TN kommen aus unterschiedlichen Herkunftsländern, bringen unterschiedliche Voraussetzungen mit und haben verschiedene Beweggründe für die Migration. Dieser Vielfalt haben wir so gut es geht Rechnung getragen.

Da die **berufliche Integration** in der letzten Zeit stark an Bedeutung gewonnen hat, kommt dem Thema Arbeitsleben/Beruf ein besonderer Stellenwert zu. Auf der Stufe A1 bietet Lektion 8 einen ersten intensiven Einstieg in das Thema, das aber auf den Stufen A2 und B1 noch mehrfach aufgenommen und ausgebaut wird.

Einfach gut! zeichnet sich durch eine klare Zielsetzung, Methodenvielfalt und einen ausgeprägten Anwendungsbezug aus. Die wichtigsten didaktischen Kriterien sind:

- **Kommunikativer Ansatz:** *Einfach gut!* unterstützt einen handlungsorientierten, kommunikativen Unterricht und fördert die freie Kommunikation.

- **Aussprachetraining:** Gezielte Phonetik-Übungen fördern die Entwicklung einer natürlichen Intonation und Aussprache.

- **Vermittlung landeskundlicher und kultureller Informationen:** Neben sprachlichen Fähigkeiten vermittelt *Einfach gut!* wichtiges Sachwissen, das den TN das Leben in Deutschland erleichtert.

- **Training der Fertigkeiten Hören, Lesen, Sprechen und Schreiben:** Anhand von realitätsnahen Alltagssituationen entwickeln die TN systematisch ihre rezeptiven und produktiven Fertigkeiten.

- **Vielfältige Übungsformen:** Die Vielfalt der Übungen fördert die Aufmerksamkeit und kommt unterschiedlichen Lerntypen entgegen.

- **Motivation durch klare Zielsetzung:** Die ersten beiden Bände von *Einfach gut!* führen zur Prüfung *Start Deutsch 1/telc Deutsch A1 (für Zuwanderer)*. Damit haben die TN ein greifbares Ziel, auf das es sich hinzuarbeiten lohnt.

Die vier Fertigkeiten

Die rezeptiven Fertigkeiten: Hören und Lesen

Im rezeptiven Bereich werden Sie immer wieder auf Texte stoßen, die über Niveau liegen. Dies entspricht dem Alltag der TN, die daher (auch) im Kurs einüben sollten, mit komplexeren, noch nicht in Gänze verständlichen Äußerungen umzugehen. Die Lernenden werden sehen, dass sie aus der situativen Einbettung heraus auch mit beschränkten sprachlichen Mitteln vieles erschließen können.

Hören

Übungen zum Hörverstehen sind durch **Lautsprecher-Piktogramme** gekennzeichnet. Die Track-Nummer daneben ermöglicht es Ihnen, den entsprechenden Text direkt anzusteuern.

Die Hörtexte sind **vorwiegend persönliche Gespräche**, es kommen aber auch einfache Telefongespräche und kurze Monologe vor. Die meisten Gespräche finden **im privaten Umfeld** (z. B. zwischen Freunden) oder **im öffentlichen Bereich** (z. B. zwischen Arzt und Patient) statt.

Die Hörübungen basieren auf den **GER-Deskriptoren für das Niveau A1**. Die wichtigsten sind:

- Kann verstehen, wenn sehr langsam und sorgfältig gesprochen wird und wenn lange Pausen Zeit lassen, den Sinn zu erfassen.

- Kann alltägliche Ausdrücke, die auf die Befriedigung einfacher, konkreter Bedürfnisse zielen, verstehen, wenn sich verständnisvolle Gesprächspartner direkt an sie/ihn richten und langsam, deutlich und mit Wiederholungen sprechen.

- Kann Anweisungen, die langsam und deutlich an sie/ihn gerichtet werden, verstehen und kann kurzen einfachen Wegerklärungen folgen.

In Textteilen, die für die Bearbeitung der Übungen nicht relevant sind, kommt gelegentlich auch Sprachmaterial vor, das über A1-Niveau liegt. Erklären Sie Ihren TN bitte, dass es völlig in Ordnung ist, wenn sie nicht jedes Wort verstehen. Es geht vielmehr darum, sich an den **Klang der Sprache zu gewöhnen** und **relevante Informationen aus den Hörtexten herauszufiltern** – eine wichtige Fertigkeit, die die TN im Alltag ständig brauchen.

In der Regel sollten die TN die Möglichkeit haben, die **Texte mehrmals** zu **hören**. Das gibt Sicherheit und fördert das Verständnis. Außerdem bleiben wichtige Redemittel besser im Gedächtnis und die Lernenden entwickeln ein Gefühl für die Intonation und Aussprache. Wie oft ein Text gehört werden sollte, richtet sich nach den Bedürfnissen der Gruppe.

Die **Transkriptionen der Hörtexte** aus dem Kursbuch sind in diesem Leitfaden enthalten, nicht aber im Kursteil. Wir möchten damit erreichen, dass die TN die Texte zunächst wirklich nur hören und nicht gleichzeitig mitlesen. So wird das Hörverstehen optimal geschult.

Nachdem die TN eine Übung zum Hörverstehen abgeschlossen haben, sollten sie ihre **Lösungen** im Kurs **vergleichen und** – wenn nötig – **korrigieren**. Viele fühlen sich von Fehlern schnell entmutigt und haben die

Tendenz, sich auf das zu konzentrieren, was sie NICHT verstehen. Lenken Sie den Blick der TN immer wieder auf das Positive und machen Sie ihnen bewusst, was sie – trotz ihrer geringen Sprachkenntnis – schon alles verstehen KÖNNEN. Erklären Sie auch, dass es nicht schlimm ist, Fehler zu machen und dass das Hörverständnis sich mit der Übung verbessert.

Um **weiterführende Übungsmöglichkeiten** zu schaffen, spricht nichts dagegen, der Lerngruppe die Transkriptionen der Hörtexte zugänglich zu machen, nachdem die eigentliche Übung beendet ist. Es bietet sich zum Beispiel an, einige Dialoge noch einmal mit verteilten Rollen zu lesen (in Partnerarbeit oder im Plenum). Im Anschluss daran können Rollenspiele sinnvoll sein, in denen die TN die Dialoge auswendig nachspielen. Rollenspiele geben lernstarken TN die Möglichkeit, die Dialoge zu variieren. Schwächere Lernende bleiben nah an der Vorlage und profitieren von der Wiederholung. Da Rollenspiele in vielen Ländern nicht Teil des Unterrichts sind, empfehlen wir, die Lerngruppe behutsam mit dieser Übungsform vertraut zu machen. Viele TN fühlen sich am Anfang wohler, wenn sie an ihrem Platz sitzen bleiben und das Rollenspiel mit der Nachbarin oder dem Nachbarn üben dürfen, ohne Zuschauer. Später können Mutige auch nach vorne kommen und das Rollenspiel vor der Gruppe vortragen.

Lesen

Die Leseübungen basieren auf den **GER-Deskriptoren für das Niveau A1**. Die wichtigsten sind:

> - Kann sehr kurze, einfache Texte Satz für Satz lesen und verstehen, indem sie/er bekannte Namen, Wörter und einfachste Wendungen heraussucht und, wenn nötig, den Text mehrmals liest.
>
> - Kann kurze und einfache Mitteilungen auf Postkarten verstehen.
>
> - Kann vertraute Namen, Wörter und ganz elementare Wendungen in einfachen Mitteilungen in Zusammenhang mit den üblichsten Alltagssituationen erkennen.
>
> - Kann sich bei einfacherem Informationsmaterial und kurzen einfachen Beschreibungen eine Vorstellung vom Inhalt machen, besonders wenn es visuelle Hilfen gibt.
>
> - Kann kurze, einfache schriftliche Wegerklärungen verstehen.

Ähnlich wie beim Hörverstehen enthalten die Input-Texte gelegentlich **Sprachmaterial über A1-Niveau**. Erklären Sie den TN bitte, dass sie auch hier nicht jedes Wort verstehen müssen. Auch wenn ein Text unbekannte Wörter oder Strukturen enthält, können die TN alle relevanten Informationen verstehen und die Übungen bearbeiten.

Manche Lernende sind trotzdem frustriert, wenn sie etwas nicht verstehen und werden versuchen, jedes unbekannte Wort nachzuschlagen. Wir empfehlen deshalb, besonders **wichtige Wörter und Redemittel** gesondert **hervorzuheben** (z. B. an die Tafel schreiben). Das hilft den TN, sich nicht zu verzetteln.

Leiten Sie Ihre Lerngruppe außerdem so früh wie möglich dazu an, die **Bedeutung unbekannter Wörter** aus dem Kontext zu **erraten**. Das ist eine nützliche Strategie, die ihnen bei der Bewältigung vieler Alltagssituationen hilft und im Unterricht „nebenbei" immer wieder geübt werden kann.

Für den **Umgang mit den Lesetexten** gibt es mehrere Möglichkeiten. Wenn in der Arbeitsanweisung nichts spezifiziert ist, sollten die TN die Möglichkeit haben, einen Text mehrmals zu lesen.

Variante 1: Oft bietet es sich an, zunächst einzelne Personen zu bitten, den Text laut vorzulesen. Das hat den Vorteil, dass Sie Verständnisschwierigkeiten sofort klären können. Im Anschluss daran lesen die TN den Text noch einmal still für sich und bearbeiten die dazugehörigen Übungen (allein oder zusammen mit der Tischnachbarin oder dem Tischnachbarn).

Variante 2: Alternativ können Sie auch mit der Stillarbeitsphase beginnen. So kann sich jede/r individuell mit dem Text auseinandersetzen und versuchen, Verständnisschwierigkeiten eigenständig zu lösen. Verbleibende Fragen können später im Plenum besprochen werden. Die zweite Variante setzt ein höheres Maß an Selbstständigkeit voraus. Lernungewohnte oder lernschwache Gruppen sind damit schnell überfordert.

Nachdem die TN eine Übung zum Leseverstehen beendet haben, sollten sie sich im Kurs darüber austauschen, was sie verstanden haben und die **Lösungen vergleichen**. Hier gelten die gleichen Überlegungen wie beim Hörverstehen: Versichern Sie den TN, dass es nicht schlimm ist, wenn sie einige Fragen nicht richtig beantwortet haben. Heben Sie stattdessen hervor, was sie schon alles verstehen können.

Als **weiterführende Übungsmöglichkeit** können Sie – sofern das nicht schon durch die Übung im Buch abgedeckt ist – einfache Verständnisfragen zum Text stellen. Wenn möglich, laden Sie die TN auch ein, ihre Meinung zu äußern (z. B. *Finden Sie das gut oder schlecht?*) und über persönliche Erfahrungen (z. B. *Wie ist das bei Ihnen?*) oder Vorlieben zu sprechen.

Mit solchen Fragen helfen Sie den Lernenden, eine Verbindung zwischen dem Text und ihrer eigenen Lebenswelt herzustellen. Das motiviert, und das Gelernte bleibt besser im Gedächtnis.

Wenn Sie etwas zusätzliche Vorbereitungszeit investieren möchten, können Sie interessante Übungsmöglichkeiten schaffen, indem Sie passendes **authentisches Material** mitbringen (z. B. einen Werbeprospekt mit Sonderangeboten aus dem Supermarkt oder einfache Wohnungsanzeigen aus der Tageszeitung).

Die produktiven Fertigkeiten: Sprechen und Schreiben

Sprechen

Alle Lektionen enthalten zahlreiche Sprechanlässe, die die TN auf unterschiedliche kommunikative Situationen im Alltag vorbereiten.

Die mündlichen Übungen orientieren sich an den **GER-Deskriptoren für das Niveau A1**. Die wichtigsten sind:

- Kann seine Adresse, seine Nationalität und andere Angaben zur Person buchstabieren.

- Kann sich selbst beschreiben und sagen, was sie/er beruflich tut und wo sie/er wohnt.

- Kann jemanden nach dem Befinden fragen und auf Neuigkeiten reagieren.

- Kann jemanden vorstellen und einfache Gruß- und Abschiedsformeln gebrauchen.

- Kann einfache Fragen stellen und beantworten, einfache Feststellungen treffen oder auf solche reagieren, sofern es sich um unmittelbare Bedürfnisse oder um sehr vertraute Themen handelt.

- Kann sehr kurze, isolierte und meist vorgefertigte Äußerungen benutzen, macht dabei aber viele Pausen, um nach Ausdrücken zu suchen, weniger vertraute Wörter zu artikulieren und Abbrüche in der Kommunikation zu reparieren.

Um die Übungen zu entlasten, werden häufig – ähnlich wie bei den Schreibaufgaben – Wortschatz-Kästen als zusätzliche Hilfe angeboten. In vielen Fällen baut eine mündliche Übung auf einer Übung zum Hörverstehen auf. Hier kann der Dialog aus der Hörübung als Vorlage dienen.

Bei den mündlichen Übungen unterscheiden wir zwischen **offenen und gesteuerten Übungen**. Gesteuerte Übungen haben das Ziel, bestimmte Strukturen oder Redemittel zu trainieren. Hier ist Korrektheit gefragt, damit sich die neuen sprachlichen Muster von Anfang an richtig einprägen. Bei offenen Übungsformen ist eine freiere Herangehensweise möglich. Die TN sollten hier die Gelegenheit haben, mit der Sprache zu spielen und verschiedene Ausdrucksmöglichkeiten auszuprobieren. Um den freien Ausdruck zu fördern, empfehlen wir, die TN möglichst wenig zu unterbrechen und nur Fehler, die zu Missverständnissen führen, behutsam zu korrigieren.

In großen Lerngruppen ist es nicht immer einfach, dafür zu sorgen, dass alle TN ausreichende Übungsmöglichkeiten haben. Damit die zurückhaltenden TN nicht „untergehen", bieten sich Übungen **in Partner- oder Kleingruppenarbeit** an. Die meisten TN haben die Tendenz, immer mit ihren unmittelbaren Tischnachbarinnen oder Tischnachbarn zusammenzuarbeiten. Stellen Sie die Teams ruhig gelegentlich auch anders zusammen. Das empfinden einige TN zwar als unbequem, aber es hilft ihnen, sich untereinander kennen zu lernen.

Bevor Sie die TN in eine Partner- oder Gruppenarbeitsphase schicken, empfehlen wir, die Aufgabe anhand eines Beispiels genau zu erklären oder einmal im Plenum durchzuspielen. So stellen Sie sicher, dass alle verstanden haben, was sie tun sollen. Fragen, die während der Übungsphase entstehen, können Sie individuell beantworten.

Schreiben

Die produktiven Fertigkeiten werden von den TN in der Regel als schwieriger empfunden als die rezeptiven. Das ist normal. Wenn Sie unsicher sind, welche Schreibleistung Sie erwarten dürfen, hilft ein Blick auf **die GER-Deskriptoren für das Niveau A1**. Die wichtigsten sind:

- Kann schriftlich Informationen zur Person erfragen oder weitergeben.

- Kann z. B. auf einem Anmeldezettel im Hotel oder bei der Einreise Zahlen und Daten, den eigenen Namen, Nationalität, Alter, Geburtsdatum, Ankunftsdatum usw. eintragen.

- Kann kurze, einfache Postkarten schreiben.

- Kann einfache Wendungen und Sätze über sich selbst und fiktive Menschen schreiben: wo sie leben und was sie tun.

- Kann Wörter oder Wortgruppen durch sehr einfache Konnektoren wie ‚und' oder ‚dann' verbinden.

- Kann einzelne Wörter und kurze Texte, die in gedruckter Form vorliegen, abschreiben.

Auch wenn das Schreiben oft nicht zu den Lieblingsbeschäftigungen der TN gehört, sollte es von Anfang an geübt werden. Das ist besonders für all diejenigen wichtig, die am Ende des Kurses eine **Prüfung** ablegen möchten.

Da die schriftliche Produktion zu Anfang oft schwer fällt, werden in vielen Übungen **zusätzliche Hilfen** angeboten (z. B. Wortschatz-Kästen). Machen Sie Ihre Lerngruppe bitte auf diese Hilfen aufmerksam.

Selbstverständlich können Sie auch im Kurs relevante Wörter und **Formulierungshilfen an der Tafel sammeln**, bevor Sie eine Schreibaufgabe beginnen. Für lernschwache Gruppen sollten die Textbausteine größer sein, für lernstarke Gruppen reichen kleine Bausteine oder einzelne Wörter.

Besonders eifrige TN werden versuchen, mit Hilfe eines Wörterbuches komplexe Formulierungen zu Papier zu bringen. Das führt meist zu Frustrationserlebnissen, weil die nötigen Strukturen fehlen, um die Wörter sinnvoll zu verbinden. Raten Sie Ihrer Lerngruppe deshalb, das **Wörterbuch** zur Bearbeitung der Schreibaufgaben nur **sparsam** zu **verwenden**. Alles, was sie für den aktuellen Lernschritt benötigen, finden sie im Buch bzw. an der Tafel.

Das Buch enthält mehrere Schreibaufgaben, in denen **ein kurzer Brief oder eine E-Mail** verfasst werden soll. Dieser Aufgabentyp ist realitätsnah und kommt auch später in der Prüfung vor. Bitte machen Sie die Lerngruppe mit den wichtigsten formalen Merkmalen der Textsorte „Brief" vertraut: Anrede und Gruß. Es ist völlig ausreichend, wenn die TN eine Anrede- und Grußformel für informelle Briefe kennen und eine für halbformelle.

Die Überprüfung bzw. **Korrektur der Schreibleistung** kann zeitaufwendig sein, aber es gibt auch zeitsparende Alternativen. Im Idealfall lesen Sie sich die Texte durch und machen Verbesserungsvorschläge. Die TN freuen sich über **individuelle Rückmeldungen**. Solange die Texte kurz sind, lässt sich vielleicht manche Korrektur in der Pause machen. Wenn die Zeit dafür nicht reicht und Sie die Texte auch nicht mit nach Hause nehmen möchten, können Sie einzelne Texte exemplarisch im Unterricht korrigieren. Bitten Sie einige TN, ihre Texte an die Tafel zu schreiben. Überlegen Sie dann gemeinsam mit der Gruppe, was gut gelungen ist und was man besser machen kann. Überarbeiten Sie die Texte anschließend, so dass am Ende mehrere gelungene Lösungsmöglichkeiten an der Tafel stehen. Insbesondere für lernschwächere Gruppen kann es hilfreich sein, die **Mustertexte** zusätzlich abzuschreiben. Sie können dann als Vorlage für ähnliche Schreibaufgaben genutzt werden.

Bitte erklären Sie Ihrer Lerngruppe, dass **keine fehlerfreien Texte** erwartet werden. Wichtig ist, dass klar wird, was die Verfasserin oder der Verfasser sagen möchte. Wir empfehlen deshalb, bei der Korrektur einen Unterschied zwischen „kleinen" und „groben" Fehlern zu machen. „Kleine" Fehler (z. B. ein falscher Artikel) beeinträchtigen das Textverständnis nicht, „grobe" Fehler machen die Aussage missverständlich oder unverständlich. Wenn ein TN insgesamt sehr viele Fehler macht, raten wir, zunächst nur die „groben" Fehler zu korrigieren. Zu viele Korrekturen würden den TN überfordern. Bei TN, die ohnehin kaum Fehler machen, können Sie auch Kleinigkeiten verbessern. Musterbriefe, die an die Tafel geschrieben werden, sollten fehlerfrei sein.

Wenn Sie mit Ihrer Lerngruppe zusätzliche Übungen zur Rechtschreibung machen möchten, können Sie Lesetexte aus früheren Lektionen als Vorlage für Diktate nutzen. Für diesen Zweck sind einige Texte besser geeignet als andere – vertrauen Sie bei der Auswahl auf Ihre Erfahrung. Bei dieser Übungsform können die TN ihre Schreibleistung selbst überprüfen und korrigieren.

Lernziele

Sich und andere vorstellen und nach dem Namen fragen | Die Herkunft sagen und erfragen | Sich begrüßen und verabschieden | Nach dem Befinden fragen und über das eigene Befinden sprechen | Sagen, welche Sprache(n) man spricht.

Einstiegsseite

Die Bilder auf der Einstiegsseite geben den TN einen Überblick über wichtige Inhalte der ersten Lektion. Da die TN noch nicht die sprachlichen Mittel haben, um sich über die Bilder auszutauschen, haben sie hier in erster Linie eine unterstützende Funktion. Sie helfen, Übungen zu veranschaulichen, die sprachlich noch nicht erklärt werden können. Das große Foto vermittelt außerdem einen Eindruck davon, wie der Unterricht in Deutschland abläuft. TN, die reinen Frontalunterricht gewohnt sind, sehen hier ein Beispiel für eine andere Arbeitsform.

Beginnen Sie den ersten Unterrichtstag mit einer Vorstellungsrunde. Sie dient als Eisbrecher und gibt den TN die Gelegenheit, gleich die ersten Wörter zu lernen. Bitte bringen Sie dafür einen kleinen Ball mit. Die TN sollten sich während der Vorstellungsrunde gegenseitig anschauen können. So können sie sich Namen und Gesichter besser merken. Bitten Sie die TN, sich im Kreis aufzustellen, bilden Sie einen Stuhlkreis oder stellen Sie die Tische vor Unterrichtsbeginn so, dass die TN nicht mit dem Rücken zueinander sitzen.

Begrüßen Sie die Gruppe und stellen Sie sich vor. Zeigen Sie dabei auf sich: *Ich heiße …* Werfen Sie dann einer/einem TN den Ball zu und fragen Sie: *Wie heißen Sie?* Die/Der TN antwortet, wirft den Ball einer anderen Person im Kurs zu und fragt wiederum: *Wie heißen Sie?* Das geht so weiter, bis alle sich vorgestellt haben. Schreiben Sie im Anschluss die eben gelernte Frage und Antwort an die Tafel: *Wie heißen Sie? – Ich heiße …* Das Schriftzeichen ß ist vielen TN unbekannt und wird anfangs gerne mit einem B verwechselt. Sprechen Sie es mehrmals vor, damit der Unterschied klar ist.

Kommen Sie nach der Vorstellungsrunde noch einmal auf die Begrüßung zurück. Schreiben Sie groß *Guten Tag* an die Tafel und fragen Sie die TN, wie man sich in ihrer Sprache begrüßt. Zusätzlich können Sie die TN bitten, nach vorne zu kommen und die Begrüßungsfloskeln an die Tafel zu schreiben. Auf der Einstiegsseite finden Sie zwei Bilder, die den TN helfen, die Aufgabenstellung zu verstehen:

die Illustration mit den Sprechblasen und das kleine Foto rechts unten. Diese Übung bietet den TN eine kleine Verschnaufpause, weil hier jeder als Experte für „seine" Sprache auftritt und niemand etwas falsch machen kann.

Bevor Sie mit den Aufgaben auf der nächsten Seite beginnen, bitten Sie die TN, Namensschilder anzufertigen. Machen Sie vor, was zu tun ist und weisen Sie auf das große Foto auf der Seite hin. Hier sehen die TN beispielhaft, wie die Namensschilder aussehen können.

Erste Doppelseite: Guten Tag, ich heiße …

KB 1, AB 1

In Aufgabe 1a im KB wird die Frage-Antwort-Kombination (*Wie heißen Sie? – Ich heiße …*) aus der Vorstellungsrunde zu längeren Dialogen ausgebaut. Spielen Sie die Tonaufnahme ab und stellen Sie sicher, dass die TN die neu hinzugekommenen Redemittel verstehen. Danach lesen die TN die Dialoge in PA. Die Namen im Buch ersetzen sie dabei durch ihre eigenen. So wird der Dialog authentischer. Korrigieren Sie behutsam Intonation und Aussprache. Nehmen Sie sich für diese Aufgabe Zeit. Die TN sollten die Möglichkeit haben, alle Rollen durchzuspielen.

In Aufgabe 1b wenden die TN das in 1a Gelernte an und vervollständigen einen Dialog. In der Regel bearbeiten die TN solche Einsetzübungen in Stillarbeit. Wenn Sie eine unsichere Gruppe haben, lösen Sie diese Aufgabe aber ruhig gemeinsam im Kurs, um die TN mit dem Aufgabentyp vertraut zu machen. Tipp für weiterführende Übungsmöglichkeiten: Stärkere TN spielen die Dialoge aus 1a und b auswendig nach, schwächere TN schreiben die Dialoge ab, damit sie sich besser einprägen.

In Aufgabe 1c lernen die TN eine neue Frage-Antwort-Kombination kennen: *Wer ist das? – Das ist …* Die TN fragen sich gegenseitig nach den Namen der anderen Personen in der Gruppe. Am besten führen Sie die Aufgabe in zwei Phasen durch: zuerst mit Namensschildern als Gedächtnisstütze, dann ohne.

Aufgabe 1 im AB kann zu Beginn der nächsten Stunde als Wiederholung gemacht werden. Geben Sie den TN Zeit, die Aufgaben zunächst eigenständig zu lösen. Vergleichen Sie dann im PL und korrigieren Sie, bevor Sie zur nächsten Übung übergehen. Tipp zur Binnendifferenzierung: TN, die schnell fertig sind, können in PA die Dialoge lesen und/oder variieren.

KB 2, AB 2, 3

Sehen Sie sich zunächst das Foto oben auf Seite 9 an und klären Sie die die Redemittel in den Sprechblasen. Aufgabe 2a verknüpft bereits Gelerntes (sich vorstellen) mit Neuem (nach der Herkunft fragen). Wenn Sie eine unsichere Gruppe haben, können Sie die Übung vereinfachen, indem Sie die Tonaufnahmen vorab schon einmal abspielen. Aufgabe 2 im AB lenkt die Aufmerksamkeit der TN auf die Verbindungen und kann im Anschluss bearbeitet werden. Tipp für weiterführende Übungsmöglichkeiten: Lernstarke TN schreiben in PA einen eigenen kleinen Dialog und lesen/spielen ihn vor. Lernschwache TN lesen in PA die Dialoge im Buch oder schreiben sie ab.

Für Aufgabe 2b empfehlen wir, eine große Weltkarte im Kursraum aufzuhängen oder an die Wand zu projizieren. Führen Sie die Aufgabe am besten in zwei Phasen durch. In der ersten Phase fragen Sie die TN nach ihren Herkunftsländern. Halten Sie die Namen der Länder an der Tafel fest und weisen Sie darauf hin, dass einige Länder einen Artikel haben, die meisten aber nicht. Die TN lernen die Artikel und Ländernamen als Vokabeln (z.B. *aus der Ukraine, aus dem Iran*). Eine Erklärung der dahinterliegenden Grammatik würde an dieser Stelle zu weit führen. In der zweiten Phase fragen sich die TN gegenseitig. Hier bietet es sich an, wieder den Ball aus der Vorstellungsrunde zu verwenden. Das Spiel kennen die TN schon und es macht die Übung interessanter, weil niemand weiß, wer als nächstes dran ist. Zur Vertiefung bearbeiten die TN Aufgabe 3 im AB.

Aufgabe 2a und 2b müssen nicht unbedingt in der Reihenfolge bearbeitet werden, in der sie im Buch erscheinen. Wenn Sie das Gefühl haben, dass die TN ungeduldig sind und gern über ihre eigene Herkunft sprechen möchten, ziehen Sie Aufgabe 2b ruhig vor.

Zweite Doppelseite:
Wie geht es Ihnen?

KB 3, AB 4

In dieser Aufgabe lernen die TN Begrüßungsformeln kennen. Ergänzen Sie gegebenenfalls Varianten, die im Buch nicht aufgeführt, in Ihrer Region aber üblich sind (*Moin, Grüß Gott etc.*). Zur Vertiefung bearbeiten die TN Aufgabe 4 im AB. Nutzen Sie 4b und c zusätzlich, um die Aussprache zu trainieren.

KB 4, AB 5

Erklären Sie, dass es zwei Anredeformen gibt: du und Sie. Wenn möglich, zeigen Sie zur Veranschaulichung Bilder, die Menschen unterschiedlichen Alters in verschiedenen Situationen zeigen: öffentlich und privat. Erarbeiten Sie, in welchen Situationen die Personen sich wahrscheinlich duzen und in welchen sie sich siezen. Spielen Sie im Anschluss die Tonaufnahme ab. Die TN lesen leise mit und markieren die Wörter *du* und *Sie* im Text.

Im Idealfall bemerken einige TN von sich aus, dass die Verben in der Du-Form eine andere Endung haben als in der Sie-Form. Wenn nicht, machen Sie darauf aufmerksam. Schreiben Sie die Beispiele aus dem Grammatikkasten an die Tafel und heben Sie die Endungen durch Unterstreichen hervor. Geben Sie den TN Zeit, die Information zu verarbeiten, bevor Sie mit der Übungsphase in Teil c beginnen. Aufgabe 5 im AB kann zur Festigung als Hausaufgabe gegeben werden.

KB 5, AB 6

In dieser Aufgabe lernen die TN, über ihr Befinden zu sprechen. Dazu ordnen sie in Aufgabe 5a zunächst die Aussagen den Bildern zu. Geben Sie den TN im Anschluss Gelegenheit, in PA die Frage-Antwort-Kombinationen in Mini-Dialogen durchzuspielen.

Aufgabe 5b verknüpft bereits Gelerntes (Du-Form/Sie-Form) mit Neuem (über das Befinden sprechen). Spielen Sie die Tonaufnahmen ab und stellen Sie die Unterschiede zwischen der Du-Form und der Sie-Form heraus: *Wie geht es Ihnen? - Wie geht es dir?* Eine Erklärung der Grammatik würde die TN an dieser Stelle überfordern. Deshalb sollten sie die Fragen zunächst auswendig lernen. Geben Sie den TN im Anschluss Zeit, die Dialoge mehrmals mit verteilten Rollen zu lesen.

Bevor Sie mit Aufgabe 5c beginnen, entscheiden Sie gemeinsam, ob Sie sich im Kurs in Zukunft duzen oder siezen möchten. Je nachdem, wie die Entscheidung ausfällt, machen Sie die Aufgabe in der Du- oder Sie-Form. Achten Sie in den nachfolgenden Aufgaben aber darauf, dass beide Varianten geübt werden, damit sie sich einprägen.

Aufgabe 6 im AB eignet sich gut zur Wiederholung und Festigung des Gelernten. Die TN bearbeiten die Aufgabe am besten zu Hause oder zu Beginn der nächsten Unterrichtsstunde. Lassen Sie die TN die Dialoge zusätzlich mit verteilten Rollen lesen. Lernstarke TN schreiben eigene Dialoge.

KB 6, AB 7

Die TN vervollständigen die Fragen in EA. Zur Vertiefung können Sie Aufgabe 7 aus dem AB anschließen und/oder eine Fragerunde im Kurs.

Dritte Doppelseite: Sprechen Sie Englisch?

KB 7, AB 8

Wiederholen Sie zu Beginn der Aufgabe die Ländernamen, die die TN auf Seite 9 im KB gelernt haben. Verwenden Sie nach Möglichkeit auch hier eine Weltkarte zur visuellen Unterstützung. Schauen Sie sich dann gemeinsam das Foto oben auf Seite 12 an und klären Sie die Redemittel.

Führen Sie die Aufgabe danach in drei Phasen durch. In der ersten Phase fragen sich die TN gegenseitig in der Sie-Form, woher sie kommen und welche Sprache(n) sie sprechen. Halten Sie die Ergebnisse so an der Tafel fest wie im Buch skizziert. Gehen Sie in der zweiten Phase auf die Unterschiede zwischen der Du- und Sie-Form ein (*Welche Sprache sprechen Sie/sprichst du?*) und weisen Sie auf den Vokalwechsel beim Verb „sprechen" hin.

Schließen Sie dann eine zweite Übungsrunde an, in der die TN die Du-Form verwenden. In der dritten Phase lernen die TN Ja-/Nein-Fragen kennen. Schreiben Sie die Beispielsätze aus dem Grammatikkasten an die Tafel und wiederholen Sie zuerst die bereits bekannten W-Fragen: *Wer? Woher? Welche Sprachen?* Stellen Sie dann die Ja-/Nein-Frage gegenüber. Zeigen Sie, dass Ja-/Nein-Fragen kein Fragewort haben und dass das Verb im Fragesatz vorne steht. Schließen Sie eine Übungsrunde mit Ja-/Nein-Fragen an. Geben Sie Aufgabe 8 im AB als Hausaufgabe auf.

KB 8, AB 9

Aufgabe 8 im KB dient dazu, das in Aufgabe 7 Gelernte zu festigen. Die TN bearbeiten die Aufgaben in PA. Schließen Sie dann eine zusätzliche Übungsphase an, in der die TN die Dialoge aus 8a variieren und die Vorgaben im Buch durch persönliche Angaben ersetzen. Aufgabe 9 im AB bietet sich als Hausaufgabe an, kann aber auch zur Wiederholung in der nächsten Stunde genutzt werden.

KB 9, AB 10, 11, 12

In Aufgabe 9 im KB werden die Pronomen *sie* und *er* vorgestellt. Schauen Sie sich gemeinsam die Fotos im Buch an und lesen Sie die Sätze. Geben Sie dann weitere Beispiele, indem Sie mit der Hand auf einige TN im Kurs zeigen und sagen: *Das ist … Sie/Er kommt aus …* Betonen Sie dabei die Pronomen *sie* und *er*.

In Aufgabe 9b schreiben die TN drei Sätze über die Person im Bild. Dabei orientieren sie sich an den Beispielen in 9a. Tipp für weiterführende Übungsmöglichkeiten: Die TN schreiben Sätze über zwei Personen im Kurs. Losen Sie die Namen der Personen aus. Die TN müssen fehlende Informationen erfragen und haben so die Gelegenheit, auch mit anderen Personen im Kurs ins Gespräch zu kommen.

Machen Sie die TN auf die Endung der Verben in der dritten Person Singular aufmerksam: *sie/er kommt*. Schreiben Sie die Beispiele aus dem Grammatikkasten an die Tafel und unterstreichen Sie die Endungen. Die TN üben im Anschluss die bereits bekannten Verben in der dritten Person Singular wie im Buch vorgeschlagen. Weisen Sie darauf hin, dass das Pronomen *sie* (klein geschrieben) nicht das gleiche ist wie *Sie* (groß geschrieben). Viele TN finden das am Anfang verwirrend und brauchen Zeit, um den Unterschied zu begreifen.

Geben Sie Aufgabe 10, 11 und 12 im AB als Hausaufgabe. Damit alle TN verstehen, was zu tun ist, empfehlen wir, bei Aufgabe 10 und 11b jeweils ein Beispiel vorab im Unterricht zu erarbeiten.

KB 10

Die TN sollen in dieser Aufgabe „lebende Sätze" bilden und sich so die Position der Wörter im Satz bewusst machen. Beginnen Sie mit einem Beispiel. Schreiben Sie jedes dieser drei Wörter auf ein Kärtchen: *Deutsch | Ich | spreche.* Bitten Sie drei TN, nach vorne zu kommen und geben Sie jedem ein Kärtchen. Die TN stellen sich so auf, dass ein sinnvoller Satz entsteht. Wenn alle TN die Aufgabe verstanden haben, bilden Sie Gruppen. Jede Gruppe schreibt Wortkärtchen wie im Buch vorgeschlagen. Die Gruppen kommen nacheinander nach vorne und bilden Sätze.

Tipp zur Binnendifferenzierung: Gruppen mit lernstarken TN bekommen zusätzliche Wörter. Dadurch ergeben sich mehr Kombinationsmöglichkeiten und die Aufgabe wird schwieriger. Sie können die Aufgabe auch als Wettbewerb anlegen. Die Gruppe, die die meisten korrekten Sätze bildet, gewinnt.

A1 Lektion 2 – Meine Familie und ich

Lernziele

Familienmitglieder vorstellen und danach fragen | Auskunft über den Familienstand geben | Den Namen buchstabieren | Alter, Adresse und Telefonnummer nennen und verstehen

Einstiegsseite

Sprechen Sie im PL über das große Foto. Mit der Frage *Wer ist das?* aktivieren Sie schon vorhandene Wortschatzkenntnisse: *Mann, Frau, Kind, Ich weiß es nicht.* Der Wortschatzkasten unter dem Foto hilft, das Unterrichtsgespräch in Gang zu bringen und vermittelt die ersten Wörter zum Thema Familie. Entlasten Sie gegebenenfalls Aufgabe 1 auf Seite 16, indem Sie weitere Begriffe ergänzen: *Bruder, Schwester, Schwiegervater, Schwägerin.*

Sie können dem Unterrichtsgespräch eine persönliche Note geben, indem Sie ein Foto von Ihrer eigenen Familie mitbringen oder die TN fragen, ob sie Fotos von Familienmitgliedern dabei haben (z.B. auf dem Handy), die sie spontan zeigen möchten. Die meisten TN freuen sich, etwas von sich preisgeben zu können und haben großes Interesse, mehr über die anderen Personen im Kurs zu erfahren. Hier entstehen oft erste authentische Mini-Gespräche, die nicht nur sprachliche Fertigkeiten fördern, sondern auch das gegenseitige Kennenlernen unterstützen. Nutzen Sie diese Gesprächssituation, um Fragen und Antworten aus Lektion 1 zu wiederholen. Die TN finden sich in Gruppen zusammen und sprechen über die Personen auf den Familienfotos: *Wer ist das? Kommt sie/er aus …? Welche Sprachen spricht sie/er?*

Nach dem Einstiegsgespräch über die Familie, bietet es sich an, noch zwei weitere Themen vorzuentlasten, die in der Lektion eine wichtige Rolle spielen: Buchstaben und Zahlen.

Weisen Sie auf die beiden Bilder unten links und unten rechts hin, um die Vokabeln *Buchstabe* und *Zahl* einzuführen. Stellen Sie im Anschluss die Zahlen von 0 bis 10 vor und trainieren Sie die Aussprache. Leiten Sie die TN an, hier von Anfang an auf Korrektheit zu achten, damit es im Alltag nicht zu unangenehmen Missverständnissen kommt (zum Beispiel, dass die Post nicht ankommt, weil die Hausnummer falsch verstanden wurde). Lassen Sie die TN der Reihe nach durchzählen, zum Beispiel von eins bis fünf. Machen Sie mehrere Durchgänge, bis die Zahlen einigermaßen „sitzen" und die Aussprache klappt. Schreiben Sie zum Schluss die Zahlwörter an die Tafel. Sie werden später für Aufgabe 2 gebraucht.

Nutzen Sie im Anschluss noch einmal die Fotos auf der Seite, um die TN mit der Frage *Wie viele?* vertraut zu machen. Zeigen Sie auf das große Foto und das kleine Foto unten in der Mitte und fragen Sie: *Wie viele Personen sind das?* Um zusätzliche Beispiele zu geben, zeigen Sie auf die Wörter auf der Seite (z.B. Familie, Sohn etc.) und fragen Sie zu jedem Wort: *Wie viele Buchstaben sind das?*

Erste Doppelseite:
Das ist meine Familie.

KB 1, AB 1

In Teilaufgabe 1a im KB hören die TN den Text und ergänzen in EA die fehlenden Wörter. Da der Text recht lang ist, sollte die Tonaufnahme mehrmals abgespielt werden. Vergleichen Sie die Lösungen im PL, klären Sie unbekannte Wörter und lassen Sie die TN dann den Text in PA lesen.

Die Aufgabenteile b und c unterstützen das intuitive Erfassen relevanter Grammatikthemen. Weisen Sie darauf hin, dass das Wort *mein* verwendet wird, um über ein männliches Familienmitglied zu sprechen und *meine*, um über ein weibliches Familienmitglied oder mehrere Personen zu sprechen.

Die Verbformen *ist* und *sind* in Teilaufgabe c sind den TN schon aus Lektion 1 bekannt, werden hier aber mit neuem Material verknüpft. Schreiben Sie zu Übungszwecken weitere Sätze an die Tafel und lassen Sie die richtige Verbform ergänzen, z.B. *Das _____ mein Sohn/meine Geschwister/mein Schatz/meine Frau/Tayo und Joana/etc.*

Tipp für weiterführende Übungsmöglichkeiten: Die TN schreiben – ähnlich wie in Teilaufgabe a – einige Sätze zu einem ihrer Familienfotos. Wenn alle ein Foto dabei haben, bietet es sich an, die Übung sofort im Kurs zu machen. Alternativ eignet sie sich gut als Hausaufgabe oder auch als Wiederholung in der nächsten Stunde. Wenn Sie die Übung als Hausaufgabe geben, nutzen Sie Aufgabe 1 im AB für die Wiederholungsphase und umgekehrt.

KB 2, AB 2

Beginnen Sie Teilaufgabe 2a mit einer Wiederholung der Zahlen von 0 bis 10. In lernstarken Gruppen können die TN versuchen, die Zahlwörter aus dem Gedächtnis aufzuschreiben. Anschließend vergleichen sie sie mit den Zahlwörtern, die an der Tafel stehen und korrigieren selbstständig die Fehler. In lernschwachen Gruppen schreiben die TN die Wörter von der Tafel ab. Aufgabe 2 im AB kann zur Festigung direkt im Anschluss oder als Wiederholung in der nächsten Stunde gemacht werden.

KB 3, AB 3

Erklären Sie das Verb *haben*, bevor Sie mit Teilaufgabe 3a beginnen. Um die TN auf die Verbformen aufmerksam zu machen, finden Sie heraus, welche TN Kinder haben und bilden Sie entsprechende Beispielsätze, z.B. *Ana hat drei Kinder. Und du, Viktor? Hast du Kinder?* Betonen Sie dabei die Verbformen. Wiederholen Sie zusätzlich die Verben aus der ersten Lektion: *sprechen, heißen, kommen, sein.* Aufgabe 3 im AB kann zur Festigung als Hausaufgabe aufgegeben werden.

Teilaufgabe 3b bereitet die TN darauf vor, einen kurzen Text über ihre eigene Familie zu schreiben. Die Aufgabe kann im Kurs oder zu Hause gelöst werden. Lassen Sie die Texte im Kurs vorlesen. Bitten Sie die TN im Anschluss, die Texte wegzulegen und frei über ihre Familie zu erzählen.

KB 4, AB 4

Teilaufgabe 4a ist eine Vorbereitung auf die mündliche Übung in Teilaufgabe b. Aufgabe 4 im AB kann, wenn nötig, zusätzlich zur Vorbereitung genutzt oder als Hausaufgabe gegeben werden.

In Teilaufgabe 4b sollten die TN zwei oder drei Personen im Kurs befragen und sich die Antworten notieren. Tipp für vertiefende Übungsmöglichkeit: Im Anschluss berichten die TN im Kurs, was sie über die Personen gelernt haben.

Zweite Doppelseite: Meine Adresse ist …

KB 5, AB 5

Da viele TN das Erlernen des Alphabets als recht trocken und mühsam empfinden, wird in Teilaufgabe a im KB ein Beispiel gegeben, das den praktischen Nutzen des Buchstabieren-Könnens verdeutlicht und so die Motivation der TN fördert. Sollten manche TN in Teilaufgabe b Schwierigkeiten mit einzelnen Buchstaben oder Lauten haben, lassen Sie Beispielwörter aus Lektion 1 und 2 sammeln, die mit dem jeweiligen Buchstaben beginnen, z.B. *H – Hallo, heißen, haben*. Sie können die Wörtersuche auch als Spiel anlegen, um die Übung aufzulockern: Die Gruppe, die die meisten Wörter mit dem vorgegebenen Anfangsbuchstaben findet, gewinnt.

In Teilaufgabe c sollen die TN entscheiden, welchen Namen sie hören. Die Übung kann leicht erweitert und variiert werden, indem Sie zusätzliche Wörter buchstabieren und die TN bitten, diese zu notieren. Aufgabe 5 im AB eignet sich gut als Wiederholung.

Im letzten Teil der Aufgabe werden einige Laute, die vielen Teilnehmern Probleme bereiten, noch einmal isoliert geübt. Erweitern Sie die Aufgabe gegebenenfalls, indem Sie weitere Laute oder Lautkombinationen hinzunehmen, z.B. *ch – ich, sprechen, Michaela, acht, Tochter; ei – eins, heißen, nein, verheiratet; ie – vier, sieben, Schwiegervater* etc.

KB 6, AB 6

Fordern Sie die TN auf, herumzugehen und mehrere Personen im Kurs nach ihren Namen zu fragen und diese zu notieren. Leiten Sie die TN an, langsam und deutlich zu sprechen und nachzufragen, wenn sie etwas nicht verstehen. Aufgabe 6 im AB kann zur Übung im Kurs gemacht oder als Hausaufgabe gegeben werden.

KB 7, AB 7

Die TN bearbeiten die Teilaufgaben 7a und 7b so, wie im KB vorgeschlagen. Vertiefen Sie im Anschluss das Textverständnis, indem Sie Fragen zum Text stellen, z.B. *Wie viele Kinder hat Herr Jankowski? Kommt er aus Syrien? Wohnt er in Köln? Spricht er Deutsch?* Lassen Sie die TN dann den Dialog in PA mehrmals lesen, bevor Sie zu Teilaufgabe c übergehen.

Es bietet sich an, Aufgabe 7 im AB am nächsten Unterrichtstag im Kurs zu bearbeiten. In lernstarken Gruppen kann die Übung auch als Hausaufgabe gegeben werden. Aufgabe 7c im AB kann zu einer Frage-Antwort-Runde im Kurs ausgebaut werden. Helfen Sie den TN zunächst, zu den Stichwörtern im Buch Fragen zu formulieren und halten Sie diese an der Tafel fest:

Nachname	Wie ist Ihr Nachname?
Vorname	Wie ist Ihr Vorname?

Heimatland	Woher kommen Sie?
Adresse	Wie ist Ihre Adresse?
Telefonnummer	Wie ist Ihre Telefonnummer?
Familienstand	Sind Sie verheiratet?
Kinder	Haben Sie Kinder?

Im Anschluss fragen sich die TN gegenseitig und beantworten die Fragen. Wer keine persönlichen Informationen preisgeben möchte, kann Angaben wie zum Beispiel die Telefonnummer auch frei erfinden.

Dritte Doppelseite:
Wie alt sind Sie?

KB 8, AB 8, 9

Wiederholen Sie die Zahlen von 1 bis 20 und bauen Sie anschließend die Zahlenreihe bis 100 aus. Vermitteln Sie dazu die Zahlen in Zehnerschritten (20, 30, 40, 50 etc.) und besprechen Sie exemplarisch die Zahlen von 21 bis 29. Im nächsten Schritt übertragen die TN das Gelernte auf den nächsten Zehner (31 bis 39). Machen Sie mehrere Durchgänge, bis Sie das Gefühl haben, dass die TN einigermaßen sicher sind. Gehen Sie dann zu den Teilaufgaben b und c über. Wir empfehlen, in den folgenden Stunden viele kleine Wiederholungseinheiten einzuschieben, damit sich das Gelernte festigt.

In Aufgabe 8b und c im AB trainieren die TN die Aussprache der Zahlwörter. Diese Übung sollte im Kurs gemacht werden, da Aussprachefehler dann sofort korrigiert werden können. Die Aufgaben 8a und d im AB eignen sich als Hausaufgabe. Aufgabe 9 kann ebenfalls als Hausaufgabe oder als Wiederholung in der nächsten Stunde gemacht werden.

KB 9, AB 10

Beginnen Sie Aufgabe 9 im KB mit einer Wiederholung des Verbs *sein*. Die TN können dazu Aufgabe 10a im AB bearbeiten. Lassen Sie dann im PL die Texte laut vorlesen. Vielen TN fällt es am Anfang schwer, das Pronomen *sie* in der dritten Person Singular von dem *sie* der dritten Person Plural und von der Anredeform *Sie* zu unterscheiden. Geben Sie zusätzliche Beispiele, um den Unterschied herauszuarbeiten. Sprechen Sie dabei nach Möglichkeit über ihre TN im Kurs. Der persönliche Bezug erleichtert das Verständnis:

Das ist Ana – sie ist aus Spanien.

Das sind Ana und Pedro – sie sind aus Spanien.

Und Sie? Sind Sie auch aus Spanien?

In den Teilaufgaben b und c wenden die TN das Gelernte an. Weisen Sie darauf hin, dass bei der Antwort auf die Frage *Wie alt sind Sie?* nicht die Wahrheit gesagt werden muss. Aufgabe 10 b im AB kann als weiterführende Übungsmöglichkeit im Kurs genutzt oder als Hausaufgabe gegeben werden.

KB 10, AB 11

Aufgabe 10 ist eine Schreibübung, in der die Inhalte aus Aufgabe 7 wiederholt werden. Leiten Sie die TN an, auf Klein- und Großschreibung zu achten. Aufgabe 11 im AB kann anschließend im Kurs gemacht und als Vorbereitung auf Aufgabe 11 im KB genutzt werden. Schieben Sie, wenn genug Zeit ist, zusätzlich eine Wiederholungsphase ein, in der Sie das Buchstabieren üben. Wörter, die zum Thema passen, sind z. B. *geschieden, Formular, wohnen, Kind.*

KB 11, AB 12

Weisen Sie, nachdem die Begriffe in Teilaufgabe 11a geklärt sind, auch auf Abkürzungen hin, die häufig auf Formularen zu finden sind: *Hausnr., PLZ, Str.* Bitten Sie die TN dann, in PA das Formular in Teilaufgabe b auszufüllen. Im Anschluss stellen die TN ihre Partnerin/ihren Partner mündlich kurz vor. Aufgabe 12 im AB kann zur Festigung als Hausaufgabe aufgegeben werden.

A1 Lektion 3 – Im Deutschkurs

Lernziele

Gegenstände benennen und nach der deutschen Bedeutung fragen | Aktivitäten im Unterricht benennen | Arbeitsaufträge verstehen | Um Erklärungen bitten und sie verstehen | Um Wiederholung des Gesagten bitten

Einstiegsseite

Beginnen Sie zur Vorentlastung von Aufgabe 1 im KB mit einer Wortschatzübung. Um eventuell vorhandene Wortschatzkenntnisse zu aktivieren, zeigen Sie auf einige Gegenstände im Unterrichtsraum und fragen Sie: *Was ist das?* Schreiben Sie die Begriffe auf Kärtchen und kleben Sie diese an die entsprechenden Gegenstände. Weisen Sie die TN auch auf das große Foto auf Seite 23 hin, das eine vergleichbare Unterrichtssituation zeigt.

Auf der folgenden Seite im Buch wird die Verwendung der unbestimmten Artikel thematisiert. In der Einstiegsphase sollten sich die TN nach Möglichkeit nicht mit Grammatik beschäftigen, sondern sich auf die neuen Begriffe und deren Aussprache konzentrieren. Wenn Sie als KL die unbestimmten Artikel schon verwenden möchten, um korrekte und vollständige Sätze zu bilden (z. B. Das ist ein Bleistift.), so ist das selbstverständlich in Ordnung. Bitten Sie die TN, wenn nötig, um etwas Geduld und erklären Sie ihnen, dass das Rätsel um die „kleinen Wörter" vor den Nomen in der Lektion gelüftet wird.

Ermutigen Sie die TN, ebenfalls nach unbekannten Begriffen zu fragen. Das Ziel sollte sein, dass die TN am Ende der Lektion ihre Arbeitsutensilien und wichtige Gegenstände im Raum benennen können. Bevor Sie die Fragen beantworten, geben Sie zuerst den anderen TN im Kurs die Gelegenheit, den gesuchten Begriff zu nennen. Wenn ihn niemand kennt, helfen Sie. Erklären Sie bitte auch, dass Fragen im weiteren Unterrichtsverlauf durchaus willkommen sind, insbesondere wenn etwas nicht verstanden wird oder zu schnell geht. Einige TN sind es nicht gewohnt, im Unterricht aktiv nachzufragen und brauchen hier etwas Bestärkung.

Die Wortschatzübung lässt sich gut mit einer Wiederholung des Alphabets verbinden. Bitten Sie jeweils eine/n TN, die vier Wörter aus dem mittleren Kasten auf der Seite zu lesen und zu buchstabieren. Schließen Sie dann eine Übungsphase in Kleingruppen an, damit sichergestellt ist, dass jede/r TN mehrmals an die Reihe kommt. Die TN geben sich gegenseitig Begriffe vor, die die Partnerin/der Partner buchstabieren soll: *Buchstabieren Sie „Tisch".*

Bevor Sie mit den Aufgabe auf der nächsten Seite beginnen, machen Sie die TN noch auf das kleine Foto unten rechts aufmerksam. Fragen Sie, was die Abkürzungen bedeuten: *Was heißt MO, DI, MI, …?* Die meisten TN werden sicher erraten, dass es sich hier um die Wochentage handelt. Schreiben Sie die Wochentage an die Tafel, trainieren Sie die Aussprache und bilden Sie erste kurze Sätze und einfache Ja-/Nein-Fragen: *Heute ist Dienstag. Morgen ist Mittwoch. Ist heute Freitag? Ist morgen Sonntag?*

Erste Doppelseite: Wie heißt das auf Deutsch?

KB 1, AB 1, 2

Nachdem die TN in der Einstiegsphase neue Begriffe kennengelernt haben, verlagert sich nun der Schwerpunkt auf die dazugehörigen unbestimmten Artikel. Knüpfen Sie dazu – wie im Buch vorgeschlagen – an die Frage-Antwort-Runde aus der Einstiegsphase an und erweitern Sie diese: *Ist das ein oder eine Tasche?* Bitten Sie die TN, die unbestimmten Artikel zu den Begriffen auf Kärtchen zu schreiben. Zur Festigung des Wortschatzes bearbeiten die TN Aufgabe 1 im AB als Hausaufgabe.

KB 2, AB 3

In dieser Aufgabe lernen die TN die Verneinung mit *kein/keine* kennen. Die Dialoge in Teilaufgabe a bieten einen intuitiven Einstieg, während in Teilaufgabe b die Grammatik isoliert dargestellt und geübt wird. Weisen Sie auf den Grammatikkasten hin und geben Sie zusätzliche Beispiele. Da das KB wenig Übungsmöglichkeiten enthält, bietet es sich an, Aufgabe 3 im AB im Unterricht zu machen. Tipp für weitere Übungsmöglichkeiten: Die TN lesen und variieren in PA die Dialoge in Teilaufgabe a. Zusätzlich schreiben sie ähnliche Sätze wie in Teilaufgabe b vorgegeben.

KB 3, AB 4

Hier lernen die TN, gezielt nach unbekannten Begriffen zu fragen und üben gleichzeitig das Buchstabieren. Dazu lesen und variieren sie die Dialoge in PA. Stärkere TN spielen die Dialoge anschließend auswendig vor. Aufgabe 4 im AB kann zur Vertiefung im Kurs oder als Hausaufgabe bearbeitet werden.

KB 4

Diese Aufgabe bietet den TN eine kleine Verschnaufpause. Hier wird das Gelernte auf spielerische Weise noch einmal wiederholt und variiert. Wenn es zeitlich in Ihren Unterrichtsplan passt, bietet es sich an, diese Aufgabe nicht direkt an die vorhergehenden anzuschließen, sondern als Einstieg am nächsten Kurstag zu nutzen.

KB 5

Aufgabe 5 ist von besonderer Bedeutung, denn hier kommen zu den unbestimmten Artikeln die bestimmten Artikel dazu. Das ist viel auf einmal und insbesondere für lernungewohnte TN eine Herausforderung. Nehmen Sie sich deshalb Zeit für die Übung. Als möglichen Einstieg schlagen wir vor, die Kärtchen von den Gegenständen im Raum zu lösen und in drei Kategorien (m./f./n.) an die Tafel zu heften:

ein Bleistift	eine CD	ein Blatt Papier
ein Stuhl	eine Lampe	ein Buch
ein Zettel	eine Tafel	ein Heft
…	eine Tür	…
	…	

Weisen Sie darauf hin, dass Sie drei Kategorien gebildet haben, obwohl die TN nur zwei Artikel kennen. Nutzen Sie diese scheinbare Unstimmigkeit, um sich die Aufmerksamkeit der TN für die nachfolgenden Erklärungen zu sichern. Die Teilaufgabe a hilft den TN, den Unterschied zwischen bestimmten und unbestimmten Artikeln zu verstehen. Der Grammatikkasten gibt eine Übersicht über die Artikel. In Teilaufgabe b wenden die TN das Gelernte an. Planen Sie in den kommenden Unterrichtsstunden reichlich Zeit für Wiederholungsphasen ein. Lerntipp: Die TN sollten Nomen immer mit Artikel lernen.

Zweite Doppelseite:
Was lernt ihr heute?

KB 6

In Teilaufgabe a lernen die TN Verben in der zweiten Person Plural kennen. Im Vordergrund dieser Übung steht zunächst die Verwendung, nicht die Grammatik. Die TN sollen erkennen, dass wir du verwenden, wenn wir eine Person ansprechen und ihr, wenn

mehrere gemeint sind. Sie können den TN helfen, den Unterschied zu begreifen, indem Sie einige TN im Kurs direkt ansprechen: Viktor und Elena, seid ihr aus der Ukraine? Ana und Simon, seid ihr heute im Deutschkurs?

In den Teilaufgaben b und c üben die TN die Personalendungen des Verbs lernen, das hier stellvertretend für die regelmäßigen Verben steht, sowie die Formen des unregelmäßigen Verbs sein. Weisen Sie auf die Grammatikkästen im Buch hin und schreiben Sie die Verben zusätzlich an die Tafel. Indem Sie die Verbendungen immer wieder durch Unterstreichen hervorheben, helfen Sie den TN, Muster zu erkennen und sich die Endungen besser einzuprägen.

KB 7, AB 5

In dieser Aufgabe wird das in Aufgabe 6 Gelernte auf neue Verben übertragen. Die ausgefüllte Tabelle in Teilaufgabe a macht Regelmäßigkeiten und Unregelmäßigkeiten bei den Verbformen sichtbar. Bitte weisen Sie auf den Vokalwechsel bei den Verben lesen und sprechen hin. Zu Übungszwecken können Sie noch weitere Verben, die die TN schon kennen, ergänzen: wohnen, leben, buchstabieren, heißen.

Hinweis: Manche TN haben Schwierigkeiten mit dem Verb machen. Die meisten verstehen zwar, dass wir auf die Frage Was machst du? unterschiedliche Verben im Antwortsatz verwenden können: Ich lese/ schreibe/etc. Sobald der Satz Ich mache Hausaufgaben ins Spiel kommt, haben jedoch einige TN die Tendenz, das Verb machen prinzipiell in jede Antwort zu übernehmen: Ich mache lesen. Steuern Sie hier rechtzeitig gegen, indem Sie Beispiele geben und das Verb machen gesondert üben.

In den Teilaufgaben b und c werden die neu gelernten Verbformen in Sätze bzw. Mini-Dialoge eingebettet. Aufgabe 5 im AB kann zusätzlich zur Festigung als Hausaufgabe gegeben werden.

KB 8, AB 6, 7

Teilaufgabe a bereitet die TN auf die Schreibaufgabe in Teilaufgabe c vor. Nachdem die TN in EA den Text vervollständigt haben, vergleichen Sie im PL und klären Sie Verständnisschwierigkeiten. Um die TN mit Aussprache und Intonation vertraut zu machen, bietet es sich an, den Text laut vorzulesen. Im Anschluss können Sie den Text zusätzlich von einigen TN vorlesen lassen. Damit schaffen Sie eine zusätzliche Übungsmöglichkeit für die Vorleser, während die Zuhörer ausreichend Zeit bekommen, die Informationen im Text zu erfassen. Schließen Sie zur Vertiefung des Textverständnisses Aufgabe b an. Tipp für weiterführende Übungsmöglichkeiten: Diktieren Sie den Text am nächsten Unterrichtstag. Die TN vergleichen anschließend ihren Text mit der Vorlage im Buch und korrigieren die Rechtschreibfehler.

Bevor die TN in Teilaufgabe c einen eigenen kurzen Text schreiben, machen Sie sie bitte auf wichtige formale Elemente in persönlichen E-Mails aufmerksam: Anrede (*Hallo; Liebe/r*) und Grußformel (*Viele Grüße*). Gehen Sie während der Arbeitsphase herum und korrigieren Sie Fehler. Ermutigen Sie stärkere TN, den Text zu variieren. Wenn alle fertig sind, lesen einige TN ihre Texte im PL vor. Die Aufgaben 6 und 7 im AB eignet sich als Hausaufgabe oder als Wiederholung in der nächsten Stunde.

Dritte Doppelseite:
Jeder Tag ist anders.

KB 9, AB 8

Teilaufgabe a knüpft an die Wortschatzübung aus der Einstiegsphase an und erweitert sie. Die TN vervollständigen zuerst in EA die Sätze im Buch und wenden das Gelernte dann in einer mündlichen Übung an. Die Hörübung in Teilaufgabe b vertieft das Verständnis. Aufgabe 8 im AB ist ähnlich aufgebaut wie die Übung im KB und eignet sich zur Festigung als Hausaufgabe.

KB 10, AB 9

In dieser Aufgabe lernen die TN, nachzufragen, wenn sie etwas nicht verstanden haben und um Wiederholung des Gesagten zu bitten. Teilaufgabe a lenkt die Aufmerksamkeit der TN auf relevante Redemittel. Wiederholen Sie weitere Redemittel, die die TN schon kennen: *Wie bitte? Entschuldigung? Ach so! Ah, alles klar.*

In Teilaufgabe b sollen die TN, relevante Informationen in einem Hörtext verstehen. Halten Sie die TN bei diesen Übungstypen dazu an, zuerst die Antwortoptionen zu lesen, damit sie wissen, auf welche Informationen sie besonders achten müssen. Diese Vorgehensweise hilft ihnen später in der Prüfung.

Erklären Sie bitte auch, dass die TN nicht jedes Wort verstehen müssen.

Aufgabe 9 im AB ist ebenfalls eine Hörübung, die sich gut als Wiederholung in der nächsten Stunde eignet. Lassen Sie die TN im Anschluss die Dialoge in PA lesen. Lernstarke TN können die Dialoge variieren und erweitern.

KB 11, AB 10, 11

In dieser Aufgabe lernen die TN die Verneinung mit *nicht*. Um das Verständnis zu erleichtern, können Sie auch hier wieder die Beispielsätze personalisieren: *Viktor kommt nicht aus Syrien. Er kommt aus der Ukraine.*

In Teilaufgabe a machen sich die TN die Position von *nicht* im Satz bewusst. Schreiben Sie bei Bedarf weitere Sätze an die Tafel und bitten Sie die TN, die Sätze zu verneinen, z. B. Ana ist verheiratet. / Wir sind im Englischkurs. / Ich schreibe. / Herr Meier wohnt in Berlin. / Thomas lebt in Spanien.

Bevor die TN Teilaufgabe b bearbeiten, wiederholen Sie die Verneinung mit *kein/keine*. Um den TN Sicherheit zu geben, verwenden Sie ruhig die gleichen Beispielsätze, die die TN schon vom Beginn der Lektion her kennen. Erklären Sie dann den Unterschied zur Verneinung mit *nicht*. Im Anschluss bearbeiten die TN die Übung im Buch. Wenn das gut klappt, geben Sie die Aufgaben 10 und 11 im AB als Hausaufgabe auf. Alternativ können Sie die Übungen zur Wiederholung in der nächsten Stunde nutzen.

KB 12, AB 13

In dieser Aufgabe werden die TN mit zusammengesetzten Wörtern vertraut gemacht. Bereiten Sie nach Möglichkeit vor dem Unterricht Kärtchen mit Wortbausteinen vor, um den TN das Zusammensetzen der Wörter begreiflich zu machen. In Teilaufgabe a probieren die TN das Gelernte aus und bilden einige Wörter. Teilaufgabe b zeigt auf, dass lange Wörter in kleinere Sinneinheiten unterteilt und so leichter verstanden werden können. Aufgabe 13 im AB bietet sich als Hausaufgabe an.

A1 Lektion 4 – Im Supermarkt

Lernziele

Nach Lebensmitteln fragen | Gefallen, Missfallen und Vorlieben äußern | Nach Preisen, Sonderangeboten und Mengen fragen und die Angaben verstehen

Einstiegsseite

Zum Einstieg in die Lektion lassen Sie die TN die ihnen bekannten deutschen Bezeichnungen für Lebensmittel zusammentragen. Hierfür können Sie den TN Fragen stellen wie: *Welche Lebensmittel kennen Sie? Was essen/trinken Sie?* Vielleicht bringen Sie einige Lebensmittel mit, die Sie nutzen können. Zeigen Sie dann auf im Raum vorhandene Lebensmittel und fragen Sie: *Was ist das?*

Diese Aktivierung des Vorwissens der TN können Sie im PL durchführen und die Ihnen zugerufenen Wörter an der Tafel notieren. Wenn Sie die Wörter geordnet nach Oberbegriffen anschreiben, entlasten Sie gleichzeitig die Aufgabe 3 auf Seite 33 vor.

Obst	Gemüse	Getränke
der Apfel	die Gurke	der Saft
die Birne	die Tomate	das Wasser
…	…	…

Milchprodukte	Andere	
der Käse	das Brot	
die Milch	das Fleisch	
…	…	

Verfügen Ihre TN bereits über grundlegende Wortschatzkenntnisse und/oder sind es gewohnt miteinander zusammenzuarbeiten, können Sie die TN die Ihnen bekannten Lebensmittelbezeichnungen auch in PA oder GA sammeln lassen und sie dann an der Tafel nach Oberbegriffen systematisiert notieren.

Fordern Sie nun die TN auf, sich die Fotos anzusehen und sie zu beschreiben. Sie können mit folgenden Fragen Hilfestellungen geben: *Wer ist das? Wo ist er? Was macht er? Was sehen Sie (im Vordergrund/ im Hintergrund/rechts/links)? Was ist das? Ist das Brot?*

Regen Sie die TN darüber hinaus auch an, Vermutungen anzustellen. Folgende Fragen können hilfreich sein: *Warum kauft er ein? Was möchte er machen?* Besonders motivierend ist es immer, wenn die TN über ihre eigenen Erfahrungen sprechen können. Fordern Sie sie mittels Fragen dazu auf, z.B. *Wo kaufen Sie ein? Wo nie? (Markt, Bioladen, Supermarkt, …).* Erklären Sie mithilfe eines Beispiels das „Angebot der Woche:" (Brot 0,89 €). Lassen Sie die TN in Kleingruppenarbeit besprechen, was man in ihren Heimatländern oft isst/trinkt. Im PL berichten die TN dann von den typischen Speisen/ Getränken ihrer Herkunftsländer. Entwickeln Sie während des Unterrichtsgesprächs ein Tafelbild ähnlich dem im petrolfarbenen Kasten skizzierten.

Erste Doppelseite: Was isst du gern?

KB 1, AB 1

Um bereits vorhandene, bei den einzelnen TN vermutlich unterschiedliche Wortschatzkenntnisse zu nutzen sowie die TN anzuregen, unbekannte Wörter den Obstsorten zuzuordnen, bietet sich die Bearbeitung der Aufgabe 1a in PA an. Stellen Sie mittels eines Vergleichs im PL sicher, dass die TN Bilder und Begriffe einander korrekt zugeordnet haben und ergänzen Sie den unbestimmten Artikel. Die Aufgaben 1a bis 1d im AB empfehlen wir je nach Stärke der TN unterschiedlich einzusetzen: Schwächeren Lerngruppen kommt es entgegen, wenn Sie die Aufgaben 1a und 1b als Vorentlastung zur Aufgabe 1a im Kursbuch verwenden; stärkere TN könnten sie als wiederholende Hausaufgabe bearbeiten. Ähnliches gilt auch für Aufgabe 1d. Die Teilaufgabe 1c sollte im Kurs bearbeitet und nicht als Hausaufgabe gegeben werden, um die TN mit dem Umgang mit Phonetikübungen vertraut zu machen.

Lassen Sie die TN die Aufgaben 1b und 1c lösen. Es bietet sich an, diese Aufgaben einzeln zu bearbeiten, die Lösungen in PA zu vergleichen und die (entstandenen) Dialoge in PA zu lesen. Leiten Sie anhand der Beispielfragen und -antworten der Aufgabe 1d die TN dazu an, sich gegenseitig Fragen zu stellen und zu beantworten.

KB 2, AB 2

Zur Auflockerung und Vorentlastung der Aufgabe 2 können Sie die Zahlen (1-12) wiederholen, z.B. die Anzahl der TN abzählen oder von zwölf herunterzählen lassen. Die TN lösen nun die Aufgabe 2a in EA oder PA und lesen Ihre Ergebnisse zur Kontrolle vor (in Kleingruppen oder PL). Verdeutlichen Sie den TN vor der Bearbeitung der Aufgabe 2b, dass Sie die Pluralformen der Aufgabe 2a entnehmen können und diese in das entsprechende Tabellenfeld schreiben sollen. Gehen Sie herum, geben Sie Hilfestellung und korrigieren Sie, wenn nötig. Die Aufgaben 2a bis 2d im AB bieten sich zur Festigung des Gelernten als Hausaufgabe an.

KB 3, AB 3

Je nach Grad der Vorentlastung der Aufgabe 3 (siehe Lektionseinstieg) können Sie diese Aufgabe – wie im KB angegeben – bearbeiten lassen oder sie erweitern. Geben Sie hierfür den TN fünf Minuten Zeit, in GA möglichst viele weitere Begriffe zu den vorgegebenen Kategorien zu finden. Die zugeordneten Aufgaben 3a und 3b im AB empfehlen wir im Unterricht zu behandeln; die Teilaufgaben 3c und 3d können die Teilnehmenden eigenständig als Hausaufgabe bearbeiten.

Zweite Doppelseite:
Was gibt es heute im Angebot?

KB 4a, AB 4

Lassen Sie die TN bei Aufgabe 4a die Begriffe 1 bis 5 den Fotos A bis E zuordnen und mit dem Sitznachbarn vergleichen. Besprechen Sie mit den TN, wie die abgebildeten Lebensmittel verkauft werden (*Kaufen Sie einen Liter oder ein Kilogramm Kichererbsen?*) und leiten Sie zur Aufgabe 4 im AB über.

KB 4b, 4c

Um den Dialog der Aufgabe 4b im KB vorzuentlasten, bitten Sie die TN das Bild zu beschreiben. Folgende Fragen können hilfreich sein: *Was machen die beiden? Wo sind sie? Was machen sie jetzt?* Wenn den TN klar ist, dass sie einen Einkaufszettel schreiben und jetzt einkaufen gehen, stellen Sie bitte in Form eines Klassengesprächs oder mit Fragen (*Was kaufen Sie im Glas? Ich kaufe eine Flasche Brot? Ist das richtig?*) sicher, dass den TN die Bedeutungen der oben angegebenen Begriffe bekannt sind. Nach der Bearbeitung sowie der durch das Hören erfolgten Selbstkontrolle können Sie zur weiteren Auseinandersetzung mit dem Dialog die TN auffordern, den Dialog in PA laut zu lesen.

Bei der Aufgabe 4c können Sie durch eine Erweiterung der Aufgabenstellung stärkere TN zusätzlich fördern. So können diese weitere Begriffe ergänzen oder auch die Artikel der Lebensmittel herausfinden. Das Ergänzen der Artikel gibt den TN auch die Gelegenheit, sich mit der Darstellung von Einträgen in Wörterbüchern im Rahmen des Unterrichts auseinanderzusetzen. Zur aktiven Beschäftigung mit den Akkusativ fordernden Verben, lassen Sie die TN nach dem ersten Lesen des Grammatikkastens Beispielsätze zu allen dort angegebenen Mengen-/Verbundsangaben schreiben und vergleichen diese dann.

KB 4d, AB 5a, 5b, 5c

Zur Vorbereitung der Aufgabe 4d können Sie die Aufgaben 5a und 5b im AB nutzen. Um den Einstieg in das variierende Fragen und Antworten der Aufgabe 4d noch sanfter zu gestalten, können Sie die TN Fragen und Antworten erst schriftlich und dann mündlich formulieren lassen. Die Aufgabe 5c im AB ist zur Vertiefung des Lernstoffes geeignet.

KB 5, AB 6, 7, 8, 9

Die Aufgaben 6 sowie 7a und 7b im AB stellen eine Überleitung zur Aufgabe 5 im KB dar und können entweder binnendifferenzierend (schwächere Teilnehmende bearbeiten Aufgabe 6, stärkere Teilnehmende Aufgabe 7) oder im Falle der Aufgabe 7 mit einem größeren Maß an Hilfestellung seitens der KL bearbeitet werden. Haben die TN die Aufgabe 5a im KB bearbeitet, ist ein partnerschaftliches Lesen der Aufgabe empfehlenswert. Vertiefend und ergänzend, mit dem Schwerpunkt der Schulung des Hörverstehens der Zahlen, sind die Aufgaben 8 und 9 im AB einsetzbar.

Dritte Doppelseite:
Darf es sonst noch etwas sein?

KB 6, AB 10

Als Hinführung auf die Aufgabe 6 des KBs empfiehlt sich die Bearbeitung der Aufgabe 10 im AB. Lassen Sie die TN darüber sprechen, was sie gerne zum Frühstück essen oder auch, was in ihren Herkunftsländern üblich ist. Zur Motivation der Bearbeitung der Aufgabe 6 ist es natürlich förderlich, wenn Sie der Planung ein wirkliches, gemeinsames Frühstück im Kurs folgen lassen können. Um möglichst allen TN die Möglichkeit zum aktiven Einbringen zu geben, lassen Sie die Aufgabe in GA bearbeiten. Falls erforderlich, verdeutlichen Sie die Fragen *Was? Wie viel? Wer?* mittels an die Tafel geschriebener Beispiele (*Brötchen, 18, Franjo*).

KB 7

Nach der Bearbeitung der Aufgabe 7 im KB in PA oder EA und dem abschließenden Hören zur Überprüfung der Lösungen, leiten Sie die TN an, die Dialoge zu variieren und im PL vorzuspielen. Ermöglichen Sie Ihren TN doch reale oder realitätsnahe Einkaufserlebnisse. Leiten Sie die TN an, in PA Verkaufssituationen unter Zuhilfenahme von Kaufmannsladenutensilien oder Kärtchen mit Abbildungen von Lebensmitteln zu spielen. Idealerweise können Sie auch den Einkauf für das Kursfrühstück gemeinsam auf dem Markt erledigen und so das Gelernte in realen Einkaufssituationen anwenden.

KB 8a-e, AB 11

Um lernungewohnteren bzw. schwächeren TN entgegenzukommen, können Sie den Dialog der Aufgabe 8a vor der eigentlichen Bearbeitung der Aufgabe in PA (oder von zwei TN im PL) laut lesen lassen. Erläutern Sie im Anschluss daran Ihren TN anhand eines Beispiels die Aufgabe 8b. Bei der anschließenden Besprechung der Ergebnisse lassen Sie die TN selbst versprachlichen, was es mit dem Artikel ohne Nomen auf sich hat. (*Was ist „die"? Was kostet 2,50 €?*)

Nun geben Sie den TN Zeit, sich mit dem Grammatikkasten zu beschäftigen und halten dann im Klassengespräch fest, dass der Singular stets dekliniert wird, der Plural jedoch nicht. Sowohl für die EA als auch für die GA sind die Aufgaben 8c bis e

geeignet. Ergänzend können die TN auch weitere Dialoge nach dem Muster schreiben und präsentieren. Zur Festigung ist die Aufgabe 11 im AB geeignet.

KB 9, AB 12

Als Einstieg in die Situation der Aufgabe 9 lassen Sie die TN doch in Kleingruppenarbeit besprechen, wann sie Pausen machen (z.B. Unterricht, Einkaufen, …), was sie dann tun, essen und trinken und wo sie das machen. Die eigentliche Aufgabe 9 sollte in PA bearbeitet und gespielt werden. Weisen Sie die TN darauf hin, dass sie gerne die Sätze in den Sprechblasen verwenden dürfen, aber nicht müssen. Unterrichten Sie eine eher starke Lerngruppe, thematisieren und üben Sie doch vor der Bearbeitung der Aufgabe 9 noch den Unterschied zwischen möchten und mögen (AB Aufgabe 12).

KB 10

Zum Abschluss der Lektion oder auch als Abrundung einer Unterrichtseinheit hören und sprechen Sie mit den TN die Wörter der Aufgabe 10 nach. Um sich weiter mit Umlauten auseinanderzusetzen, initiieren Sie doch einen Wettbewerb, welche Kleingruppe die meisten zusätzlichen Wörter mit Umlauten findet. Hierfür könnten Sie die TN auffordern, in den bisherigen drei Lektionen bzw. den Lernwortschatzseiten am Ende der jeweiligen drei Arbeitsbuchlektionen nach Wörtern mit Umlauten zu suchen und diese aufzuschreiben.

Zusätzlich oder alternativ können Sie den TN die Wörter der Aufgabe 10 im KB ohne Umlaute zum Vervollständigen zur Verfügung (als Tafelanschrieb oder als Arbeitsblatt) zur Verfügung stellen. Lassen Sie die Bücher schließen und die Umlaute ergänzen. Während des anschließenden Abspielens des Tracks 1.26 können die TN ihre Lösung kontrollieren.

AB 13

Das Ergänzen der Konjugationen können Sie in verschiedener Weise verwenden. Steht Ihnen während der Beschäftigung mit der Lektion 4 im Unterricht Zeit zur Verfügung, können Sie diese Aufgabe jederzeit einsetzen. Oder Sie nutzen sie zur Binnendifferenzierung. Sind TN mit einer anderen Aufgabe bereits fertig, können sie sich mit der Aufgabe 13 im AB beschäftigen. Der Gesamtgruppe können sie diese Aufgabe dann als Hausaufgabe geben.

A1 Lektion 5 – Von morgens bis abends

Lernziele

Den Tagesablauf beschreiben | Nach der Uhrzeit fragen und antworten | Über den Plan für den Tag sprechen | Sich verabreden, Terminvorschläge annehmen oder ablehnen

Einstiegsseite

Sehen Sie sich zum Einstieg in die Lektion gemeinsam das große Foto an und fordern Sie die TN auf, darüber zu sprechen. Mögliche Leitfragen sind:

- *Wer ist das?*
- *Wo ist Karim? Im Deutschkurs/zu Hause/im Café/im Supermarkt?*
- *Was macht er? Schreibt er?*
  Macht er Hausaufgaben? Liest er ein Buch?
- *Was trinkt er? Kaffee? Saft? Wasser? Tee?*

Das übergeordnete Ziel dieser Übung ist es, die TN zum Sprechen zu bringen. Wenn sich die Fragen anhand des Fotos nicht eindeutig beantworten lassen, ermutigen Sie die TN zu spekulieren: *Vielleicht macht Karim Hausaufgaben? – Nein, er hat kein Deutschbuch. Vielleicht schreibt er eine Einkaufsliste. – Eine Einkaufsliste? Ich weiß nicht …*

Tipp: Im Deutsch-Test für Zuwanderer, der als Prüfung am Ende des Integrationskurses steht, sollen die TN ebenfalls ein Gespräch über ein Foto führen. Deshalb empfehlen wir, die Fotos auf den Einstiegsseiten der Lektionen generell als Sprechanlass zu nutzen. Das Spekulieren ist dabei eine nützliche Strategie, die den TN auch in der Prüfung hilft, wenn ihnen spontan nicht viel einfällt oder sie sich unsicher sind.

Lassen Sie die TN im nächsten Schritt Verben sammeln, die alltägliche Tätigkeiten beschreiben. Mit der Leitfrage: *Was macht ihr heute?* aktivieren Sie vorhandenen Wortschatz. Da die Vorkenntnisse wahrscheinlich noch sehr gering sind, können die TN ihre Ideen per Zuruf beisteuern. Schreiben Sie die Ausdrücke untereinander an die Tafel, z. B.

> Hausaufgaben machen
>
> Deutsch lernen
>
> essen
>
> Kaffee trinken
>
> Obst und Gemüse kaufen

Fragen Sie dann, wann die TN diese Tätigkeiten ausüben, z.B. *Wann lernen Sie Deutsch?* Um Aufgabe 1

auf der nächsten Seite zu entlasten, können Sie zu den hier vorgeschlagenen Wörtern *morgens, mittags, abends* noch weitere ergänzen. Übertragen Sie dazu die Beispiele aus dem Wortschatzkasten von Seite 40 (oben rechts) an die Tafel. Zeichnen Sie zur Veranschaulichung eine Uhr an die Tafel oder nutzen Sie die Wanduhr im Kursraum. Zeigen Sie, wann Mittag ist und welche Zeitspanne in etwa der Nachmittag/ Vormittag etc. umfasst.

Nutzen Sie im Anschluss die drei kleinen Bilder unten auf der Einstiegsseite, um drei weitere Tätigkeiten hinzuzufügen: *Freunde treffen, Termine machen, schlafen.* Schreiben Sie die Ausdrücke an die Tafel und bitten Sie die TN, sie den Bildern zuzuordnen.

Erste Doppelseite: Was machst du heute?

KB 1, AB 1, 2, 3a

In Teilaufgabe a werden weitere Verben vermittelt, die den TN helfen, über ihren Tagesablauf zu sprechen. In EA oder PA vervollständigen die TN die Sätze neben den Illustrationen. Vergleichen Sie anschließend im PL und klären Sie Verständnisschwierigkeiten.

Schließen Sie eine Übungsphase an, in der sich die TN mit den Verbformen beschäftigen (Sparen Sie in dieser Phase bitte die trennbaren Verben noch aus!). Die TN sollen erkennen, dass die neuen Verben größtenteils nach dem gleichen Muster „funktionieren", wie bereits bekannte Verben. Zur Verdeutlichung können Sie eine ähnliche Tabelle wie auf Seite 26 im KB verwenden.

	frühstücken	kochen	putzen
ich			
du			
...			

	arbeiten	telefonieren
ich		
du		
...		

Erklären Sie in Teilaufgabe b zunächst die trennbaren Verben anhand der drei Beispiele im Buch und machen Sie den TN die Position des Verbs im Satz bewusst. Um sich mit den trennbaren Verben vertraut zu machen, sollten die TN Aufgabe 3a im AB im Unterricht bearbeiten. Anschließend beantworten sie die sechs Fragen im Buch. Wenn das gut klappt, können sie sich zusätzliche Fragen überlegen.

In Teilaufgabe c üben die TN noch einmal gezielt den Satzbau. Wenn Sie die Übung erweitern möchten, können Sie Wörter auf Kärtchen schreiben und die TN in GA Sätze bilden lassen. Zur Auflockerung kann die Aufgabe auch als Spiel angelegt werden: Wer die meisten Sätze findet, gewinnt. Die Aufgaben 1 und 2 im AB eignen sich zur Festigung als Hausaufgabe.

KB 2, AB 3b

In dieser Aufgabe wird das Gelernte in längere Texte eingebettet und vertieft. Bevor die TN die Texte hören, sollten sie Zeit bekommen, die Antwortoptionen zu lesen. Tipp für weiterführende Übungsmöglichkeit: Wandeln Sie die Antwortoptionen in Fragen um und schließen Sie eine Frage-Antwort-Runde im PL an: *Sind Sie nachmittags im Deutschkurs? Kaufen Sie vormittags im Supermarkt ein? ...* Da das Verb *fernsehen* vielen TN Probleme bereitet, verwenden Sie es ruhig in mehreren unterschiedlichen Fragen, damit es sich einprägt, z.B. *Sehen Sie morgens fern? Und Viktor? Sieht er morgens fern? Haben Sie Kinder? Wann sehen die Kinder fern?* Übung 3b im AB kann zusätzlich im Unterricht oder als Hausaufgabe gemacht werden.

KB 3, AB 4, 5

In Teilaufgabe a lesen zwei TN den Text zunächst mit verteilten Rollen laut vor. Erklären Sie den Ausdruck *gern machen* und bitten Sie die TN, den Notizzettel rechts neben dem Text zu ergänzen. Anschließend sollten die TN die Gelegenheit bekommen, den Text in PA mehrmals zu lesen. In Teilaufgabe b sprechen sie in einer Frage-Antwort-Runde über ihre eigenen Vorlieben.

Tipp für weiterführende Übungsmöglichkeiten: Lernstarke TN bereiten Interviewfragen – ähnlich wie in Teilaufgabe a – vor und befragen sich gegenseitig nach ihrem Tagesablauf und ihren Vorlieben. Schwächere TN schreiben fünf Sätze über ihre Vorlieben, z.B. *Ich putze nicht gern.*

Die Aufgaben 4 und 5 im AB können zur Wiederholung in der nächsten Stunde genutzt oder als Hausaufgabe gegeben werden.

Zweite Doppelseite: Wie viel Uhr ist es?

KB 4, AB 6

Bringen Sie nach Möglichkeit eine große Uhr mit zum Unterricht. Erklären Sie zuerst anhand der vier Beispiele oben auf Seite 42, wie wir die Uhrzeit lesen. Stellen Sie dann auf der mitgebrachten Uhr unterschiedliche Uhrzeiten ein und fragen Sie: *Wie viel Uhr ist es?* In lernschwachen Gruppen sollten Sie sich zunächst auf die vier Zeitangaben (*volle Stunde, halb, viertel vor, viertel nach*) beschränken. Lernstarke Gruppen können – nachdem sie die nötige Sicherheit gewonnen haben – direkt zu den Teilaufgaben a und b übergehen.

Erklären Sie in Teilaufgabe a die Zeitangaben *fünf vor, zehn vor etc.* und nutzen Sie auch hier wieder die mitgebrachte Uhr, um weitere Beispiele durchzuspielen. Im Anschluss hören und ergänzen die TN die Dialoge in Teilaufgabe a und die Zeichnungen in Teilaufgabe b. Aufgabe 6 im AB kann zur Festigung im Unterricht oder als Hausaufgabe gemacht werden. Planen Sie zusätzlich in den folgenden Unterrichtsstunden mehrere kleine Wiederholungsphasen ein.

KB 5, AB 7

In dieser Aufgabe lernen die TN unterschiedliche Varianten zur Angabe der Uhrzeit kennen. Bevor Sie mit der Übung beginnen, sollte sich das in Aufgabe 4 Gelernte nach Möglichkeit schon etwas gefestigt haben. Im Idealfall beginnen Sie einen neuen Unterrichtstag mit einer Wiederholung der Uhrzeiten aus Aufgabe 4 und schließen dann Aufgabe 5 an. Aufgabe 7 im AB kann zur Vertiefung im Unterricht bearbeitet werden.

KB 6, AB 6, 8, 9

Aufgabe 6 verbindet die Uhrzeiten mit den Alltagsaktivitäten, die die TN im ersten Teil der Lektion kennengelernt haben. In Teilaufgabe a lernen die TN, nach einem bestimmten Zeitpunkt (*Wann?*) und nach einer Zeitspanne (*Von wann bis wann?*) zu fragen. In Teilaufgabe b übertragen sie das Gelernte auf ihre eigene Situation.

Weiterführende Übungsmöglichkeit: Die TN erstellen einen eigenen Stundenplan für einen bestimmten Wochentag. Gehen Sie während der Arbeitsphase herum und ergänzen Sie, wenn nötig, relevanten Wortschatz. Im Anschluss können die TN die Stichworte aus dem Stundenplan schriftlich zu einem kurzen Text ausarbeiten.

Die Aufgaben 6 und 8 im AB eignen sich zur Wiederholung und Festigung als Hausaufgabe. Aufgabe 9 sollten die TN im Unterricht bearbeiten. Hier geht es darum, Öffnungszeiten zu verstehen. Erklären Sie, welche Abkürzungen häufig verwendet werden, zum Beispiel Mo – Fr, und bringen Sie nach Möglichkeit Broschüren und Werbeanzeigen mit, in denen ebenfalls die Öffnungszeiten stehen. Fragen Sie die TN, wann was geöffnet hat. Die Übung ist auch eine gute Gelegenheit, um die TN auf Geschäfte, Frisöre etc. in ihrer Nähe aufmerksam zu machen.

Dritte Doppelseite:
Ich plane meinen Tag.

KB 7, AB 10, 12

In Aufgabe 7 wird das auf den ersten beiden Doppelseiten Gelernte angewendet und vertieft. Bevor die TN den Text in Teilaufgabe a hören, sollten sie die Antwortoptionen lesen. Nachdem die TN die Hörübung beendet haben, weisen Sie auf den Grammatikkasten hin und schreiben zu Übungszwecken ähnliche Sätze an die Tafel, z.B.

Thomas | arbeitet | nachts.
Ich | schlafe | nachts.
Wir | putzen | nachmittags.
Ich | lerne | vormittags.
Ana | arbeitet | von 13 bis 18 Uhr.
Der Deutschkurs | beginnt | um 9 Uhr.

Die TN stellen die Sätze um, wie im Grammatikkasten gezeigt. Die Übung kann mündlich oder schriftlich gemacht werden. Zusätzlich bietet sich an dieser Stelle Aufgabe 12 im AB an, die sich alternativ aber auch gut als Hausaufgabe eignet.

In Teilaufgabe c schreiben die TN zunächst in EA sechs Sätze, von denen drei inhaltlich falsch sind. TN, die langsamer arbeiten, schreiben nur vier oder auch nur zwei Sätze. Gehen Sie während der Arbeitsphase herum und korrigieren Sie Grammatik-

und Rechtschreibfehler. Im Anschluss tauschen die TN die Sätze mit ihrer Nachbarin/ihrem Nachbarn und besprechen, was richtig und was falsch ist.

In Teilaufgabe d sollen die TN über ihren Tag erzählen. Aufgabe 10 im AB bietet einen guten Einstieg in die Übung, kann aber auch später als Hausaufgabe aufgegeben werden. Tipp zur Binnendifferenzierung: Lernstarke TN können im PL oder in Kleingruppen spontan berichten. Wenn die TN damit überfordert sind, geben Sie ihnen vorher Zeit, sich Stichworte zu notieren und den „Mini-Vortrag" in PA zu üben. Gehen Sie im Raum herum und leisten Sie bei Bedarf Hilfestellung.

KB 8, AB 13

Hier lernen die TN Adverbien der Häufigkeit kennen: *immer, oft, manchmal, nie*. Erklären Sie mit Hilfe des Balkendiagramms auf Seite 44 den Unterschied und bearbeiten Sie dann die Teilaufgaben a-e, wie im Buch vorgeschlagen. Weisen Sie noch einmal gesondert auf die trennbaren Verben hin. Der Grammatikkasten auf Seite 45 im Buch (oben, neben Teilaufgabe b) zeigt, wie sich trennbare Verben in längeren Sätzen verhalten. Aufgabe 13 im AB bearbeiten die TN am besten als Hausaufgabe.

KB 9, AB 14

In Aufgabe 9 werden Redemittel für Verabredungen und Terminabsprachen vorgestellt. Weisen Sie die TN auf die blauen Wortschatzkästen hin, die einen schnellen Überblick über wichtige Redemittel ermöglichen.

Nachdem die TN in Teilaufgabe a den Text ergänzt haben, sollten sie ihn in PA mehrmals lesen. Achten Sie dabei besonders auf die Intonation und üben Sie, wenn nötig, einzelne Sätze, gesondert. In Teilaufgabe c sollen die TN in PA einen eigenen Dialog – ähnlich wie in Teilaufgabe a – schreiben. Lernschwache TN halten sich dabei eng an die Vorlage im Buch. Lernstarke TN können variieren und spielen den Dialog im Anschluss auswendig vor. Aufgabe 14 im AB kann gut zur Wiederholung in der nächsten Stunde genutzt werden.

A1 Lektion 6 – Auf Wohnungssuche

Lernziele

Über Möglichkeiten der Wohnungssuche sprechen | Angaben und Abkürzungen in Wohnungsanzeigen verstehen | Zufriedenheit und Unzufriedenheit ausdrücken | Einrichtungsgegenstände und Wohnräume beschreiben

Einstiegsseite

Um die Vorkenntnisse der TN zu aktivieren, tragen Sie die den TN bereits bekannten Begriffe zum Thema „Wohnen" zusammen. Sie können im PL arbeiten und mit den zugerufenen Begriffen ein Assoziogramm an der Tafel entwickeln.

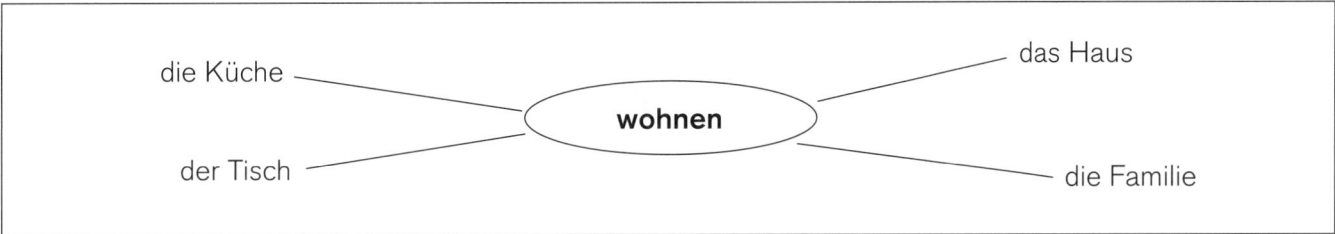

Um möglichst alle TN zu aktivieren und die Redezeit der einzelnen zu erhöhen, lassen Sie die TN doch in einem ersten Schritt die Wörter zum Thema „wohnen" in Kleingruppen sammeln. Anschließend können Sie wie oben beschrieben ein Tafelbild entwickeln.

Bitten Sie jetzt die TN die Fotos der Einstiegsseite zu beschreiben und hierfür in PA zusammenzuarbeiten. Um die TN zu möglichst ausführlichem Sprechen über die Fotos anzuregen, können Sie einige Fragen als Hilfestellung an die Tafel schreiben: *Was sehen Sie auf dem Foto? Wo ist das? Wer/Was ist das? Was macht er? Welche Kleidung trägt er? Welche Farben sind das? Was ist im Vordergrund/Hintergrund/rechts/links? …* Gehen Sie während der PA-Arbeitsphase herum, geben Sie Hilfestellung und regen Sie die TN mit Zusatzfragen zum weiteren Sprechen an. So können Sie die TN animieren Vermutungen anzustellen: *Was denken Sie: Mit wem wohnt der Mann? Wie wohnt er? Was ist er von Beruf?*

Zum Abschluss der Arbeit mit der Einstiegsseite können Sie die TN in GA besprechen und notieren lassen, was man in einer Wohnung braucht. Zum Verdeutlichen der Aufgabe nutzen Sie die Sprechblase *„Wir brauchen …"* und die Fotos des Wohnzimmers und der Teller in der Spülmaschine, indem sie Ihre TN darauf verweisen. Auf diese Weise aktivieren Sie das Vorwissen der TN und entlasten den Wortschatz der Lektion zusätzlich vor. Um verschiedene Lerntypen und Kenntnisse der deutschen Sprache zu berücksichtigen, können TN auch Einrichtungsgegenstände zeichnen oder im Wörterbuch nachschlagen.

Erste Doppelseite:
4 ZKB ab sofort frei.

KB 1, AB 1

Zur Vorentlastung der Aufgaben 1 des Kurs- und Arbeitsbuches fordern Sie die TN auf, die Räume einer Wohnung zu nennen und notieren diese an der Tafel. Gehen Sie nun zur Aufgabe 1 im AB über, die sowohl für die Bearbeitung in EA als auch in PA geeignet ist. Haben einzelne TN die Aufgabe schneller bearbeitet, können diese auch weitere zu den Räumen passende Verben ergänzen.

Leiten Sie nun zur Aufgabe 1 im KB über. Stellen Sie sicher, dass die TN das Wort „Lieblingszimmer" verstehen. Ist es den TN unbekannt, bieten sich gestisch oder mimisch verstärkte Beispiele an, wie: *Mein Lieblingszimmer ist das Wohnzimmer. Ich liege auf dem Sofa und lese gern. (Lächeln/Daumen hoch). Die Küche mag ich nicht. Ich koche nicht gern (Mundwinkel/Daumen nach unten)* Sie können vor der Bearbeitung der Teilaufgaben a und b auch noch einen weiteren Redeanlass schaffen, indem Sie die TN in GA besprechen lassen, welches Lieblingszimmer die dargestellten Personen haben. Auf diese Weise steigern Sie auch die Neugier der TN auf das HV und ob ihre Vermutungen zutreffen. Nach der Bearbeitung der Teilaufgaben a und b gehen Sie zur Teilaufgabe c über und verdeutlichen mittels eines Beispieldialogs zweier TN oder Ihnen und eines TNs die Aufgabe. Eine Hilfestellung gerade für schwächere/unsichere TN kann es sein, wenn sie hierbei auf die Aufgabe 1 des ABs zurückgreifen.

KB 2, AB 2

Um die Vorkenntnisse der TN hinsichtlich der Zahlwörter zu aktivieren, können Sie die TN in PA/GA/PL bis 100 zählen lassen. Bei der Teilaufgabe 2a empfehlen wir, dass Sie mit den TN die Zahlwörter nachsprechen, um möglichst alle TN zu animieren diese Phonetikübung aktiv zu nutzen. Vor der Teilaufgabe b erläutern Sie anhand des Notizzettels neben der Aufgabe und weiterer Beispiele wie vierstellige Zahlen im Deutschen gelesen werden. Nach der Bearbeitung der Aufgabe 2 im KB können Sie die Aufgabe 2 im AB zur Vertiefung nutzen oder diese als Hausaufgabe bearbeiten lassen.

Haben Sie zu diesem oder einem anderen Zeitpunkt im Unterricht etwas Zeit, üben Sie das Hörverstehen und die Schreibweise drei- und vierstelliger Zahlwörter doch wie folgt. Zur Verdeutlichung der Aufgabe nennen zuerst Sie und dann verschiedene TN eine Zahl und lassen die TN diese Zahl aufschreiben. Geben Sie mittels eines Tafelanschriebs des Zahlworts und der Zahl den TN die Möglichkeit zur Selbstkontrolle.

KB 3, AB 3

Als Hinführung und zur Berücksichtigung der Erfahrungen der TN können Sie mit den TN besprechen, wie sie/Sie eine Wohnung suchen und wie man in den jeweiligen Herkunftsländern Wohnungen sucht. Lassen Sie die TN, nachdem Sie die Aufgabenstellung durch eine erste Unterstreichung verdeutlicht haben, die Teilaufgabe a und nach einer Besprechung der Ergebnisse die Teilaufgabe b bearbeiten. Damit die TN mit dem Wortschatz vertrauter sind und die Teilaufgabe c keine Überforderung darstellt, raten wir, die Aufgabe 3 im AB vorher zu bearbeiten. Haben die TN Zettel zu den von ihnen gesuchten Wohnungen geschrieben, können Sie diese nutzen und mit den TN in Zeitungen oder im Internet passende Wohnungsanzeigen suchen.

KB 4, AB 4

Um eine möglichst intensive Beschäftigung mit den verschiedenen Kosten für eine Mietwohnung zu ermöglichen, ist es günstig, wenn sich die TN nach der in EA oder PA erfolgten Bearbeitung der Aufgabe 4a in PA oder GA über ihre Ergebnisse austauschen und erst danach eine abschließende Besprechung im PL erfolgt. Zusätzlich können Sie die vier Anzeigen auch laut lesen lassen, damit sich die Bedeutungen der Abkürzungen besser einprägen und den TN die Lösung der Teilaufgabe b leichter fällt. Zur Festigung ist die Aufgabe 4 im AB geeignet.

Zweite Doppelseite: Die Wohnung ist perfekt!

KB 5, AB 5

Da die Adjektivpaare durch die Illustrationen erklärt werden, können Sie ohne lehrergesteuerte Vorentlastung mit der Aufgabe beginnen. Geben Sie lediglich Ihren TN Zeit, sich mit den Adjektiven und den Bildern vertraut zu machen. Eine aktive Beschäftigung damit erzielen Sie, wenn Sie die TN bitten, sich in Paaren zu erzählen, wie Ihre jeweilige Wohnung ist (groß/laut/hell/teuer?). Lassen Sie die Aufgaben nun bearbeiten. Um den Wortschatz zu üben, bearbeiten die TN nun die Teilaufgabe 5a im AB. Erklären Sie nun den TN, dass es neben Adjektiven mit gegensätzlicher Bedeutung auch die Möglichkeit der Verneinung gibt. Zur eigenständigen Beschäftigung hiermit lassen Sie die Teilaufgabe 5b im AB bearbeiten. Hierdurch haben Sie Aufgabe 5b im KB vorentlastet und können in PA, GA oder im PL über den Kursraum sprechen.

KB 6, AB 6, 7

Vor der Lösung der grammatikalischen Aufgabe KB 6 lassen Sie die TN in EA oder PA den Dialog lesen und notieren, welche Räume und Einrichtungsgegenstände die Wohnung hat. Geben Sie den TN dann ein Beispiel und lassen Sie sie die Aufgabe 6a und anschließend 6b – wie im KB angegeben – bearbeiten. Aufgabe AB 7 bietet sich zur Festigung an, wobei Sie bei der Teilaufgabe b berücksichtigen sollten, dass nicht in allen Herkunftsländern der TN Grundrisse allgemein gebräuchlich sind und Sie etwas mehr Zeit einplanen sollten. Als Überleitung zur Aufgabe KB 7 eignet sich die Aufgabe 7 im AB.

KB 7, AB 8

Lassen Sie eine/einen TN die Aussagen der Aufgabe KB 7a laut vorlesen und von allen TN beim Hören entscheiden, ob die Aussagen richtig oder falsch sind. Nach der Bearbeitung der Teilaufgabe 7b verdeutlichen Sie den TN die Bedeutung der Possessivpronomen mein, dein, ihr/Ihr. Setzen Sie doch hierfür an die TN gerichtete Fragen ein, wie z.B. Dragan, ist das dein Stift?/Herr Vucic, ist das Ihr Stift? und fordern Sie sie auf, zu antworten: Ja, das ist mein Stift. Ob als Hausaufgabe oder im Kurs, lassen Sie die TN bitte vor der Bearbeitung der weiteren Teilaufgaben im KB die Aufgabe 8 im AB lösen. Aufgrund der hierdurch erfolgten Beschäftigung mit den Possessivpronomen und Fragen und Antworten zur Wohnsituation sind die TN gut auf die Teilaufgaben c und d der Aufgabe KB 7 vorbereitet.

Dritte Doppelseite:
Wir brauchen neue Möbel.

KB 8, AB 9, 10, 11

Möchten Sie den Einstieg in die Aufgabe KB 8 sanfter gestalten, können Sie vor der Bearbeitung der Aufgabe die TN die sich im Kursraum befindlichen Einrichtungsgegenstände benennen lassen. Haben die TN die Einrichtungsgegenstände den Illustrationen zugeordnet, lassen Sie sie noch die Artikel ergänzen.

Zur Vertiefung und Systematisierung des Wortschatzes können die TN in EA/PA oder als Hausaufgabe die Aufgabe 9 im AB bearbeiten. Ähnliches gilt für die Aufgabe 10 im AB, wobei hier die TN auf die Artikelregel bei Komposita hingewiesen werden sollten. Die Teilaufgabe KB 8b dient der Vorentlastung des Verstehens der Preisangaben in der Teilaufgabe 8c. Fordern Sie die TN auf, bei der Besprechung der Aufgabe 8c sowohl die bestimmten als auch die unbestimmten Artikel zu den jeweiligen Nomen zu nennen und wiederholen Sie hierbei diese Formen. Erläutern Sie den TN den Unterschied in der Verwendung der bestimmten und unbestimmten Artikel. Zur Vorbereitung auf die Aufgabe 8d im KB lassen Sie bitte die TN die Aufgabe 11a und b im AB bearbeiten. Da die Unterschiede der Verwendung der bestimmten und unbestimmten Artikel für die TN erfahrungsgemäß schwierig sind, lassen Sie bitte die TN die Aufgaben in PA lösen und geben Sie währenddessen individuelle Hilfestellung, um Überforderungsgefühle zu vermeiden. Haben einzelne Lernpaare die Bearbeitung der Aufgaben bereits abgeschlossen, lassen Sie sie doch die Dialoge laut lesen. Darüber hinaus können schnelle TN weitere Verben suchen, die den Nominativ bzw. Akkusativ erfordern.

KB 9, AB 12

Zur Auflockerung und als Einstieg zur Aufgabe KB 9 können Sie einen spielerischen Wettbewerb anregen. Die TN schreiben in GA innerhalb von fünf Minuten so viele Möbel/Einrichtungsgegenstände auf wie möglich. Anschließend nennen die Gruppen abwechselnd ihre Begriffe (bereits genannte dürfen nicht erneut genannt werden), der KL notiert sie an der Tafel. Es gewinnt die Gruppe, die die meisten Begriffe gefunden hat.

Nach der Bearbeitung der Aufgabe KB 9a und 9b gehen Sie zur Aufgabe KB 9c über. Um die TN mit den das Gefallen ausdrückenden Wörtern vertraut zu machen, üben Sie diese doch in gesteuerter Form ein, z. B. *Wie finden Sie den Stift/das Buch/das Wetter/ die Sprachschule?* und lassen sie die TN antworten. Sie können hieraus auch eine Kettenübung machen lassen, d.h. Sie beginnen mit der Frage, ein TN antwortet und stellt seinem Nachbarn eine Frage etc. Erinnern Sie die TN, verschiedene Begriffe und den Akkusativ zu verwenden. Die Aufgabe KB 8c können Sie erweitern, indem Sie den TN Prospekte/Kataloge von Einrichtungshäusern zur Verfügung stellen, so dass sie über mehr Gegenstände sprechen können. Aufgabe AB 12 ist als Vertiefung geeignet und stellt eine Vorbereitung auf telc-Prüfungen dar.

KB 10

Um die TN auf diese Aufgabe einzustimmen und zum Fantasieren anzuregen, können Sie mit den TN eine Sammlung von positiven und negativen Aspekten

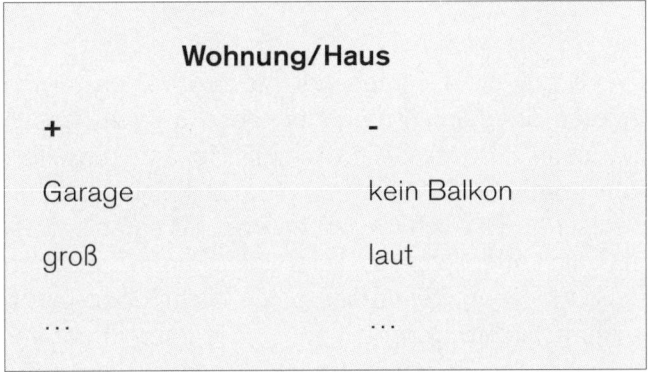

Wohnung/Haus	
+	**-**
Garage	kein Balkon
groß	laut
…	…

des Wohnens erarbeiten. Fragen Sie Ihre TN, was an einem Haus/einer Wohnung gut/schlecht ist und sammeln Sie die Angaben an der Tafel.

Bitten Sie nach der Ideensammlungsphase die TN ihre Traumwohnung/ihr Traumhaus zu zeichnen. Es ist sinnvoll, diese Aufgabe in PA oder GA bearbeiten zu lassen. Zum einen, da die TN so weniger Scheu vor dem Fantasieren und dem anschließenden Präsentieren haben. Zum anderen, weil die TN in der Zusammenarbeit mit einem oder mehreren TN auch den mündlichen Ausdruck üben, indem sie sich über ihre Wünsche austauschen. Nicht zu unterschätzen ist bei dieser und ähnlichen Aufgaben der positive Gruppeneffekt. Denn auch sprachlich schwächere TN können sich gut einbringen, vielleicht haben gerade sie gute zeichnerische Fähigkeiten oder originelle Ideen. Um die Arbeit der TN zu würdigen, planen Sie genügend Zeit für die Präsentation der Ergebnisse im Plenum ein.

A1 Lektion 7 – In der Stadt unterwegs

Lernziele

Nach dem besten Verkehrsmittel fragen | Abfahrtszeiten und Fahrpreise verstehen | Nach dem Weg fragen und Wegbeschreibungen verstehen

Einstiegsseite

Lassen Sie die TN zum Einstieg kurz im PL sagen, was sie auf den Fotos der Einstiegsseite sehen. Fordern Sie sie nun auf, die in dem Suchraster enthaltenen Wörter zu nennen. Entwickeln Sie durch die Zurufe der TN ein Tafelbild, in dem Sie die genannten, um die entsprechenden Artikel ergänzten, Wörter unter die Kategorien *Gebäude* und *Verkehrsmittel* sortieren.

Gebäude	Verkehrsmittel		
das Hotel	der Bus	–	die Fahrkarte
die Kirche	…		
…			

Damit sich die TN intensiver mit den beiden für die Lektion zentralen Kategorien beschäftigen, lassen Sie sie in PA oder GA noch mehr Gebäude und Verkehrsmittel finden. Sollten die TN keine weiteren deutschen Bezeichnungen kennen, ist es selbstverständlich möglich, dass sie die Begriffe zeichnen (z.B. Flugzeug, Schaffner o.Ä.). Nicht oder falsch versprachlichte Begriffe können Sie dann in der anschließenden Besprechung im PL nennen. Wenn Sie darauf achten, dass am Ende alle in AB Aufgabe 1 abgebildeten Verkehrsmittel genannt und aufgeschrieben sind, vereinfachen Sie den TN deren spätere Bearbeitung.

Sind die zentralen Wörter so erarbeitet, können diese zur ausführlichen Beschreibung der Fotos auf der Einstiegsseite genutzt werden. Fordern Sie die TN auf, in PA oder GA zu arbeiten und die Fotos anhand von W-Fragen (z. B. *Wer? Was? Wo? Wann?*) zu beschreiben. Hierfür können Sie den TN die W-Frage-Wörter einfach nennen, diese an die Tafel schreiben oder auch ganze Fragen an der Tafel vorgeben (z.B. *Wer ist das? Was macht die Person?*), je nachdem wie stark Ihre TN sind bzw. wie viel Hilfestellung sie benötigen.

Erste Doppelseite: Lass uns den Bus nehmen!

KB 1, AB 1

Um den über die Einstiegsseite vermittelten Wortschatz zu wiederholen und zu festigen bietet es sich an, die TN zuerst die Aufgabe 1a im AB bearbeiten zu lassen. Die Lösung des Kreuzworträtsels ist sowohl gut in EA als auch in PA möglich. Haben einige TN die Aufgabe schneller bearbeitet, können diese noch die Artikel ergänzen. Eine weitere Möglichkeit mit den Begriffen des Kreuzworträtsels – binnendifferenzierend oder weiterführend – zu arbeiten wäre, die TN notieren zu lassen, welche Verkehrsmittel es in ihrem derzeitigen Wohnort gibt und welche in ihrem Herkunftsort. Ein Vergleich der in den Herkunftsländern vorkommenden Verkehrsmittel wird sicherlich interessant sein.

Leiten Sie zur Aufgabe KB 1 über und lassen Sie die TN die Teilaufgaben a und b lösen. Die TN sollen ihre Lösungen zunächst eigenständig mit ihrem/r Sitznachbarn/in vergleichen und dann – falls erforderlich – auch im Plenum. Notieren Sie *Wer nimmt den Bus?* an der Tafel und lenken Sie so die Aufmerksamkeit der TN auf die grammatische Struktur. Schreiben Sie mit Hilfe der TN die Konjugation an die Tafel und verdeutlichen Sie, dass das Verb mit dem Akkusativ verwendet wird. Wiederholen Sie die Akkusativformen der bestimmten Artikel. Nun können Sie die Aufgabe 1b und 1c im AB in EA oder PA bearbeiten lassen. Zum weiterführenden Üben der Konjugation sowie des Akkusativs können Sie eine Kettenübung anschließen. Fragen Sie einen TN *Nehmen Sie heute den Bus?* und fordern Sie den TN auf, im ganzen Satz zu antworten *Nein, ich nehme das Taxi.* und seine/n Sitznachbarn/in zu fragen *Nimmst du heute den Zug?* etc.

KB 2, AB 2, 3

Lassen Sie die TN beim Hören des Dialogs der Aufgabe 2b im KB die Artikel ergänzen. Nachdem die TN den Dialog einmal gehört und die/einige Artikel ergänzt haben, erläutern Sie den TN unter Zuhilfenahme der Grammatikkästen auf der Seite und ggf. eines Tafelanschriebs, dass die Verben *nehmen* und *fahren mit* den Akkusativ bzw. den Dativ erfordern. Als Übung können Sie an dieser Stelle die Aufgabe 2a-d im AB bearbeiten lassen oder Teile dieser als Hausaufgabe aufgeben. Die Aufgabe 2b im KB kann in PA gelöst werden. Schnelle Gesprächspaare können noch weitere Verkehrsmittel im Akkusativ und Dativ ergänzen.

In Aufgabe 2b des KBs können die TN ihre Kenntnisse zu Gebrauch und Formen des Akkusativs und Dativs anwenden. Vor dem abschließenden Hören der Dialoge ist es für die Einübung des selbstständigen Arbeitens sinnvoll, einen Vergleich der Ergebnisse in PA einzufügen. Hierbei haben die TN die Gelegenheit, sich wechselseitig zu bestärken oder sich zu erklären und beschäftigen sich so intensiver mit dem Lernstoff.

Zum Abschluss fordern Sie die TN auf, die Dialoge in PA zu lesen, sich einen auszusuchen, auswendig zu lernen und im PL zu präsentieren.

Die Aufgabe 3 im AB können Sie im Unterricht oder als Hausaufgabe zur Vertiefung einsetzen.

KB 3

Die Aufgabe 3 ist hinsichtlich des Lebens in Deutschland und der Prüfungsvorbereitung von besonderer Bedeutung. Zur Vorentlastung der Aufgabe 3b lassen Sie doch die TN die folgenden Fragen im PL beantworten: *Es ist Samstag, zehn nach zwei. Wann fährt der Bus? Wie lange fahre ich zum Rathausplatz? Was kostet die Fahrkarte?* Um den TN die Scheu vor dem Lesen der Fahrpreis- und Fahrplaninformationen zu nehmen, ist es ratsam, diese Aufgabe in PA zu bearbeiten.

Zur Binnendifferenzierung bzw. als Ergänzung der Aufgabe können die TN auch weitere Fragen zum Fahrplan und den Fahrpreisen formulieren, die die anderen TN dann beantworten.

Vor der Bearbeitung der Teilaufgabe 3b weisen Sie die TN ausdrücklich darauf hin, dass sie nicht jedes Wort der Durchsagen verstehen müssen und werden. Sie sollen sich vor dem Hören die Aussagen durchlesen und sich von unbekannten Wörtern nicht verunsichern lassen.

Zweite Doppelseite: Wo ist die Bank?

KB 4, AB 4

Stellen Sie den TN zur Einstimmung auf die lokalen Präpositionen eine Frage, z.B. *Wo ist das Buch?* und lassen Sie die TN – ggfs. mit Ihrer Hilfe – die Antwort nennen. Sie können, wenn Sie vereinfachte Zeichnungen und die entsprechenden Präpositionen an die Tafel bringen, mit mehreren Präpositionen so fortfahren. Gehen Sie dann zur Aufgabe 4 im KB über, die die TN in EA/PA bearbeiten. Zur Festigung der Kenntnisse der Präpositionen bietet es sich an, dass die TN die Aufgabe 4 im AB lösen und anschließend mit dem/der Sitznachbarn/in vergleichen. Um die Präpositionen freier anzuwenden, lassen Sie die Aufgabe 4b im KB in PA/GA bearbeiten. Die TN stellen einander Fragen und beantworten sie. Sind die TN schwächer oder möchten Sie sie verstärkt schriftlich arbeiten lassen, können die TN auch zuerst in PA Fragen und Antworten notieren *Wo ist die Tasche? – Die Tasche ist unter dem Tisch.*

KB 5, AB 5

Um zu Aufgabe 5 im KB überzuleiten, stellen Sie den TN Fragen zu ihrem direkten Umfeld wie z.B. *Was ist neben der Sprachschule?* Lassen Sie sie antworten, z. B. *Neben der Sprachschule ist eine Bäckerei.* Die Piktogramme der Aufgabe 5 im KB können die TN in EA/PA den Wörtern zuordnen. Ergänzend im Unterricht oder zu Hause können die TN Wortgrenzen und Artikel in der Aufgabe 5 im AB finden bzw. notieren.

KB 6, AB 6

Lassen Sie die TN die Aufgabe 6a in EA/PA lösen und ggf. die Ergebnisse mit anderen TN abgleichen. Nach dieser inhaltlichen Beschäftigung mit der Aufgabe thematisieren Sie die in den nebenstehenden Grammatikkästen stehenden Informationen zu den Präpositionen und Artikeln. Zur Vertiefung und zur Vorentlastung der Aufgabe 6b im KB geben Sie den TN Zeit, die Aufgabe 6 im AB zu bearbeiten. Die Aufgabe 6b empfehlen wir in PA/GA schreiben zu lassen. So haben die TN die Möglichkeit, nicht nur ihre schriftliche Kompetenz zu trainieren, sondern tauschen sich zudem auch auf Deutsch aus und korrigieren sich gegenseitig.

KB 7

Lassen Sie die TN die Aussagen lesen. Nach dem Hören und Ankreuzen lassen Sie die TN im PL die korrekten Sätze vorlesen und die anderen TN bei Bedarf korrigieren.

KB 8, AB 7, 8

Erklären und notieren Sie an der Tafel, welche Präpositionen in welchen Fällen gebraucht werden. Idealerweise entwickeln Sie den Tafelanschrieb durch die von Ihnen evozierten Antworten der TN auf Ihre Fragen, wie *Wo ist der Mann? – Der Mann ist beim Arzt.*

Lassen Sie die TN nun eigenständig die Aufgaben 7 und 8 im AB bearbeiten. Durch diese zwei Aufgaben zur Verwendung von *in* und *bei* haben die TN Sicherheit erlangt. Nun können sie die Aufgabe 8 im KB lösen. Bitte weisen Sie die TN auf den Grammatikkasten und den Notizzettel hin, wo die Regeln der Verwendung von *in* und *bei* noch einmal zusammengefasst werden.

Dritte Doppelseite:
Wie komme ich zum Bahnhof?

KB 9, AB 9, 10

Um die Fragewörter *wohin* und *womit* zu erklären und so auf die Aufgabe 9 im KB vorzubereiten, schreiben Sie Fragen an die Tafel, wie *Wohin fahren Sie nach dem Deutschkurs?*, *Womit fahren Sie?* Notieren Sie exemplarisch einige Antworten der TN. Lassen Sie die TN nun die Aufgabe 9 im KB hören und die Tabelle ergänzen. Verweisen Sie bei der Besprechung der Lösungen auf den Grammatikkasten und Notizzettel und die Parallelen zwischen zum bereits bekannten *bei*. Um die Formen *zum* und *zur* zu verankern, ist es hilfreich, die Aufgabe 10 im AB zu bearbeiten.

Lassen Sie die TN nun in PA/GA Fragen und Antworten formulieren. Um diese Frage-Antwort-Aufgabe zu variieren, können Sie auch Interviews schreiben lassen. Die TN suchen sich hierfür eine berühmte Person z. B. aus einer mitgebrachten Zeitschrift aus und schreiben Fragen und Antworten. Die Person und die Interviews stellen sie dann im Anschluss an die PA-Phase im PL vor. Im Kurs oder als Hausaufgabe können Sie die Aufgabe 9 im AB bearbeiten lassen.

KB 10, AB 11

Falls die Richtungsangaben den TN nicht bekannt sind, besprechen Sie die grundlegenden Begriffe (*rechts, links, geradeaus, über*) vor der Bearbeitung der Aufgabe 10a. Sie können die Aufgabe – wie im KB angegeben – als reine Hörverstehensübung nutzen. Es ist auch möglich, dass Sie den TN die einzusetzenden Wörter vorgeben (als Tafelanschrieb, ausgedruckt oder diktiert) und diese sie vor dem Hören des Dialogs zuzuordnen versuchen. Ob die TN die Bedeutung der Richtungsangaben und einzelnen Sätze verstanden haben, wird am Ergebnis der Aufgabe 10b im KB deutlich werden.

Zur Vertiefung und als Überleitung zur Aufgabe 11 im KB lassen Sie die TN die Aufgabe 11 im AB bearbeiten und in PA laut lesen.

KB 11, AB 12, 13, 14

Lassen Sie die TN die drei Kurzdialoge in PA laut lesen und anschließend die enthaltenen Verben markieren. Erklären Sie den TN den Imperativ und lassen Sie sie in Aufgabe 11a im KB die Tabelle in EA/PA ergänzen. Mittels der Aufgaben 12 und 13 im AB können die TN ihr neu erworbenes Wissen frei anwenden. Um Hemmungen und negative Erfahrungen zu vermeiden, empfiehlt es sich, zumindest die Aufgabe 13 im AB in PA lösen zu lassen. Aufgabe 14 im AB eignet sich sowohl als Vorentlastung der Aufgabe 11d im KB als auch als wiederholende Hausaufgabe.

Um jedem TN eine möglichst lange Redezeit zu ermöglichen, ist es günstig, die Aufgabe 11c in GA durchzuführen. Lassen Sie die TN in GA einige Wege beschreiben und achten Sie, wenn Sie zwischen den Gruppen herumgehen und Hilfestellung anbieten, darauf, dass die TN möglichst viele verschiedene Formulierungen verwenden (z. B. siehe Kästen). Zum Abschluss lassen Sie die einzelnen Gruppen einige Wegbeschreibungen vorspielen. Um bei der Plenumsphase die TN aktiv einzubeziehen, können auch Fragen nach dem Weg an andere Gruppen gestellt und vor allen beantwortet werden (z. B. Gruppe A fragt Gruppe B *Wie komme ich von hier zur Apotheke?*). Sollten den TN die Straßennamen ihrer Umgebung nicht geläufig sein, können Sie zur Bearbeitung der Aufgabe 11c im KB auch auf den Stadtplan der Aufgabe 14 im AB zurückgreifen.

A1 Lektion 8 – Mein Beruf

Lernziele

Sagen, was man selbst beruflich macht | Über berufliche Kenntnisse, Fähigkeiten und Wünsche sprechen | Sich über Arbeitszeiten abstimmen

Einstiegsseite

Sehen Sie sich gemeinsam mit den TN das große Foto an und beginnen Sie mit einer allgemeinen Einstiegsfrage: *Was sehen Sie auf dem Foto?* Die Frage aktiviert vorhandene Wortschatzkenntnisse (*ein Glas Bier, Tische, Stühle etc.*) und gibt den TN gleichzeitig die Möglichkeit, nach unbekannten Begriffen zu fragen (*Tablett, Sonnenschirm*).

Leiten Sie im nächsten Schritt zum Thema Beruf über. Mögliche Fragen sind:

- *Was macht die Frau/Laura? Kauft sie ein? Trinkt sie Bier? Arbeitet sie?*
- *Wo ist sie? Zu Hause? Im Café/Biergarten? Im Büro?*
- *Was ist Laura von Beruf? Lehrerin?*

Wenn niemand den Begriff *Kellnerin* nennt, helfen Sie. Um den TN die Struktur des Frage- und Antwortsatzes bewusst zu machen, schreiben Sie Beispiele an die Tafel:

Was	ist	Laura	von Beruf?
Was	sind	Sie	von Beruf?

Sie ist	Kellnerin	(von Beruf).
Ich bin	…	(von Beruf).

Fordern Sie die TN im Anschluss auf, zu sagen, was sie selbst beruflich machen. Wer noch nicht im Wörterbuch nach der deutschen Berufsbezeichnung geschaut hat, kann das jetzt tun. Notieren Sie die Berufe an der Tafel. Um der Liste eine persönliche Note zu verleihen, schreiben Sie ruhig den Namen der/des TN dazu. Lassen Sie ausreichend Platz, um später die männliche bzw. weibliche Form zu ergänzen:

Elena:	Lehrerin	
Viktor:		Apotheker
Simon:		Schneider
Neyla:	Hausfrau	

Sollten Sie TN im Kurs haben, die noch keinen Beruf haben, ergänzen Sie die entsprechenden Bezeichnungen: *Schüler/in, Student/in*. Falls es für einige Berufe keine direkte Übersetzung gibt, versuchen Sie, eine kurze Beschreibung der Tätigkeit zu finden (z. B. *Neyla arbeitet im Büro.*).

Sobald die Berufsbezeichnungen geklärt sind, schließen Sie eine kurze Frage-Antwort-Runde im PL an, in der Sie die Frage nach dem Beruf auch schon etwas variieren können:

- *Was sind Sie von Beruf? Arbeiten Sie hier in Deutschland auch, oder im Moment nicht?*
- *Was ist Simon von Beruf? Ist er Apotheker?*

Bitten Sie die TN zum Abschluss, sich die drei Fotos unten auf der Seite anzusehen.

Besprechen Sie, welche Berufe (*Schneider/Automechaniker*) bzw. Tätigkeiten (*im Büro arbeiten*) hier dargestellt sind. Haben Sie TN im Kurs, die die hier abgebildeten Berufe gelernt haben?

Erste Doppelseite: Was machen Sie beruflich?

KB 1, AB 1, 2

Bevor Sie mit der Übung beginnen, kehren Sie noch einmal zu Ihrer Liste an der Tafel zurück. Ergänzen Sie die weiblichen bzw. männlichen Formen. Sehen Sie sich dann gemeinsam mit den TN die Berufsbezeichnungen 1-7 in Teilaufgabe a an und weisen Sie auf unregelmäßige Formen hin. Insbesondere in lernschwächeren Gruppen bietet es sich an, im Vorfeld auch schon die Sätze a-g zu lesen und unbekannte Wörter zu klären. Im Anschluss bearbeiten die TN in EA oder PA die Aufgabe.

Teilaufgabe b lenkt die Aufmerksamkeit der TN auf die in Teilaufgabe a verwendeten Verben. Die Übung kann mündlich oder schriftlich gemacht und anschließend in einer Frage-Antwort-Runde vertieft und variiert werden: *Repariert ein Kellner Autos? Pflegen Sie kranke Menschen?* Insbesondere lernschwächere Gruppen profitieren auch davon, noch einmal gezielt die Personalendungen zu trainieren. Bilden Sie dazu kleine Gruppen. Jede Gruppe bekommt einen Würfel. Eine Person in der Gruppe gibt ein Verb vor (z. B. *reparieren*), eine zweite Person würfelt. Je nachdem, welche Zahl der Würfel zeigt, nennt die-/derjenige die entsprechende Verbform (*1 = ich repariere, 2 = du reparierst, …*). Die Aufgaben 1 und 2 im AB können zur Festigung als Hausaufgabe gegeben werden.

KB 2

Machen Sie die TN zu Beginn auf die Überschrift aufmerksam (*Was sind Sie von Beruf?*) und stellen Sie die Frage in der Kopfzeile (*Was machen Sie beruflich?*) gegenüber. Erklären Sie, dass die beiden Varianten bedeutungsgleich sind. Im Anschluss bearbeiten die TN die Aufgabe, wie im Buch vorgeschlagen. Vergleichen Sie nach jedem Übungsteil die Lösungen. Ergänzen Sie außerdem die männlichen bzw. weiblichen Formen für die vier neu hinzugekommenen Berufe. In lerngewohnten Gruppen können Sie auch schon die Pluralformen für die in 1a und 2a genannten Berufe vorstellen: *die Studenten/die Studentinnen, die Bäcker/die Bäckerinnen.*

KB 3, AB 3, 4

In Aufgabe 3 berichten vier Personen über ihren Tag. Die TN lesen die Texte und ordnen die Berufsbezeichnungen zu. Vergleichen Sie im Anschluss die Lösungen, klären Sie Verständnisschwierigkeiten und bitten Sie einige TN, die Texte laut vorzulesen. Korrigieren Sie behutsam Intonation und Aussprache. Im nächsten Schritt sollen die TN über ihre eigene Arbeit sprechen. Geben Sie ihnen Zeit, in Anlehnung an die Vorlage im Buch, einige Sätze schriftlich vorzuformulieren. Sie können die Aufgabe zusätzlich entlasten, indem Sie aus den Texten im Buch nützliche Satzbausteine herauslösen und an die Tafel schreiben, z. B.

> Meine Arbeit ist interessant/langweilig.
> Mein Arbeitstag beginnt früh/spät/um 5.00 Uhr morgens.
> Ich habe manchmal/oft/nie Nachtdienst/Stress/am Wochenende frei.

Aufgabe 3 im AB eignet sich zur Wiederholung in der nächsten Stunde oder als Hausaufgabe, Aufgabe 4 bietet sich ebenfalls als Hausaufgabe an.

KB 4

Diese Aufgabe beschäftigt sich mit den Ausdrücken *gern machen* bzw. *lieber machen*. Erklären Sie den Unterschied mit Hilfe des Grammatikkastens und der Illustration im Buch. Geben Sie weitere Beispiele, z. B. *Machen Sie gern Hausaufgaben? – Nein, ich sehe lieber fern.* Anschließend bearbeiten die TN die Aufgabe, wie im Buch vorgeschlagen. Erweitern Sie Teilaufgabe c durch weitere Fragen und nutzen Sie die Übung, um den Wortschatz aus früheren Lektionen zu wiederholen, z. B. *Fleisch/Fisch essen, Sport/Computerspiele machen, putzen, kochen, Freunde treffen, spazieren gehen etc.*

Zweite Doppelseite: Das muss ich noch machen.

KB 5, AB 5b

In Teilaufgabe a wird das Modalverb *können* vorgestellt. Beginnen Sie mit dem Beispiel in der Sprechblase und bitten Sie dann einige TN im Kurs, die Sätze a-f laut vorzulesen. Um zu veranschaulichen, dass das Modalverb in der Regel nicht allein steht, sondern ein Vollverb modifiziert, bitten Sie die TN, die Verben im Satz zu markieren: *Ich kann Auto fahren.* Durch das Hervorheben wird gleichzeitig die Position der Verben im Satz sichtbar. Im Anschluss ordnen die TN die Sätze den Berufen zu.

Nutzen Sie im nächsten Schritt den Grammatikkasten im Buch, um die Formen des Verbs *können* vorzustellen. Anstatt die Position der Verben im Satz selbst zu erläutern, können Sie die TN bitten, sich den Beispielsatz im Buch sowie sie markierten Sätze in Teilaufgabe a anzuschauen und selbst eine Regel abzuleiten. Solche Übungen helfen den TN, eigenständig nach Mustern und Regelmäßigkeiten Ausschau zu halten, die ihnen das Lernen erleichtern. In Teilaufgabe b haben die TN die Möglichkeit, die Verbformen zu trainieren. Aufgabe 5b im AB kann zusätzlich zur Festigung im Unterricht oder zu Hause gemacht werden.

In Teilaufgabe c übertragen die TN das Gelernte auf ihre eigene Situation. Die Übung kann in GA oder im PL gemacht werden. Tipp zur Binnendifferenzierung: Die TN arbeiten in Kleingruppen oder PA. Schwächere TN beschränken sich auf die im Buch vorgegebenen Wörter. Stärkere TN können mit zusätzlichen Wörtern arbeiten.

KB 6, AB 5a, 5c, 6, 7

In dieser Aufgabe lernen die TN ein weiteres Modalverb kennen: *müssen*. Beginnen Sie wieder mit dem Beispiel in der Sprechblase und stellen Sie sicher, dass die TN den Unterschied zwischen *müssen* und *können* verstehen. Die Hörübung in Teilaufgabe a hilft, das Verständnis zu vertiefen.

Bevor Sie zu den Teilaufgaben b und c übergehen, besprechen Sie die Verbformen von *müssen* und bitten Sie die TN, Aufgabe 5c im AB zu lösen. Die Aufgaben 6 und 7 im AB können ebenfalls im Unterricht oder als Hausaufgabe gemacht werden. Aufgabe 5a eignet sich zur Wiederholung in der nächsten Stunde.

KB 7, AB 8

In Aufgabe 7 wird das Gelernte erweitert und in einen längeren Dialog eingebettet. Helfen Sie den TN, sich in die vorgegebene Situation hineinzudenken: *Ein Zeitungsreporter befragt Laura zu ihrem Arbeitsalltag.* Je besser sich die TN die Situation vorstellen können, desto leichter fällt ihnen die Aufgabe, und das Gelernte prägt sich eher ein. Bitten Sie die TN, das Interview zunächst in PA zu vervollständigen. Im Anschluss hören die TN den Dialog und prüfen ihre Lösungen. Sie sollten außerdem Zeit bekommen, den Dialog in PA zu lesen.

In Teilaufgabe c sollen die TN selbst ein Interview führen. Sie können dazu die fünf Fragen aus Teilaufgabe a nutzen. Da die meisten TN in Deutschland momentan vermutlich keiner Arbeit nachgehen, ist etwas Fantasie gefragt. Bitten Sie die TN, sich gedanklich in ihren Berufsalltag zurückzuversetzen und die Fragen aus dieser Situation heraus zu beantworten. Alternativ können Sie sich auch einen Beruf ausdenken, über den sie sprechen möchten. Aufgabe 8 im AB – ebenfalls ein Interview – eignet sich gut zur Wiederholung in der nächsten Stunde.

Dritte Doppelseite: Diese Stelle passt zu mir.

KB 8, AB 9, 10

In dieser Aufgabe lernen die TN, einfache Stellenanzeigen zu verstehen. Sehen Sie sich zunächst gemeinsam mit den TN die vier Anzeigen an. Klären Sie unbekannte Wörter und erläutern Sie, was die Abkürzungen bedeuten. Es bietet sich außerdem an, die Texte für eine Wiederholung der Telefonnummern zu nutzen. Weisen Sie die TN auch darauf hin, dass wir Telefonnummern manchmal in Zweier-Blöcken schreiben (und sprechen): 65 65 22.

Im Anschluss lesen die TN die vier Texte unter den Anzeigen und ordnen sie zu. Stellen Sie zusätzlich Anschlussfragen zur Vertiefung des Textverständnisses, z. B.

- *Wie alt ist Julia? Was ist sie von Beruf?*
- *Wann möchte Karim arbeiten? Was macht er gerne?*
- *Wer hat einen Führerschein? Wer möchte nicht am Wochenende arbeiten?*

Es bietet sich an dieser Stelle auch an, die TN darauf hinzuweisen, dass das Modalverb *können* in einem wichtigen Ausnahmefall ohne Vollverb auskommt: *Ich kann Deutsch.* Ein entsprechendes Beispiel finden Sie in Text 2 (Karim).

In Teilaufgabe b wird die Aufmerksamkeit der TN noch einmal auf die neu hinzugekommenen Adjektive gelenkt. Wiederholen Sie zusätzlich Adjektive aus früheren Lektionen: *gut, schlecht, interessant, langweilig, groß, klein, teuer, …*

Aufgabe 9 im AB sollte im Unterricht gemacht werden. Erklären Sie den TN, dass die Texte einige unbekannte Wörter enthalten. Die TN sollen versuchen, die Aufgabe zu lösen, ohne zuvor alle Wörter nachzuschlagen. So lernen sie, mit ähnlichen Situationen im Alltag oder in der Prüfung gelassen umzugehen. Aufgabe 8 im AB kann ebenfalls im Unterricht oder zu Hause gemacht werden.

KB 9

Beginnen Sie Aufgabe 9 mit einer Wiederholung der bereits bekannten trennbaren Verben: *einkaufen, fernsehen, aufstehen.* Stellen Sie dann das Verb *anfangen* vor und weisen Sie die TN darauf hin, dass es bedeutungsgleich mit *beginnen* ist. Besprechen Sie die Verbformen und geben Sie Beispiele: *Der Deutschkurs beginnt um 13.00 Uhr. = Der Deutschkurs fängt um 13.00 an.*

Anschließend bearbeiten die TN die Aufgabenteile a und b wie im Buch vorgeschlagen. In lernstarken Gruppen können Sie die TN noch auf zwei weitere trennbare Verben in Teilaufgabe b aufmerksam machen (*ausfüllen, anrufen*) und auch dazu die Verbformen notieren und einige Beispiele durchspielen.

KB 10

Dies ist eine relativ offene Übung, die den TN die Möglichkeit gibt, sich auszuprobieren und frei zu formulieren. Lernstarke TN profitieren am meisten von solchen Aufgaben und brauchen hier wenig Anleitung. Für schwächere TN wird die Aufgabe leichter, wenn Sie sie stärker eingrenzen, z. B. *Schreiben Sie fünf Sätze über Ihre Arbeit.* Gehen Sie außerdem herum und geben Sie Hilfestellung. Wenn die TN sehr viele Fehler machen, korrigieren Sie nur die „groben" Fehler, um die TN nicht zu entmutigen. Im Anschluss lesen die TN ihre Texte im PL vor.

A1 Lektion 9 – Beim Arzt

Lernziele

Mitteilen, was weh tut, und über das eigene Befinden sprechen | Ärztliche Empfehlungen und Anweisungen verstehen | Einen Arzttermin vereinbaren | Sich krank melden

Einstiegsseite

Bevor die TN Ihre Bücher aufschlagen, spielen Sie den TN vor, dass Sie krank sind. Schreiben Sie unterstützend an die Tafel *Ich bin krank.* und fragen Sie einzelne TN oder ins PL, was Sie tun sollen. Schreiben Sie *Was soll ich machen?* an die Tafel. Notieren Sie Stichpunkte an der Tafel und beginnen Sie so ein Assoziogramm zu erstellen.

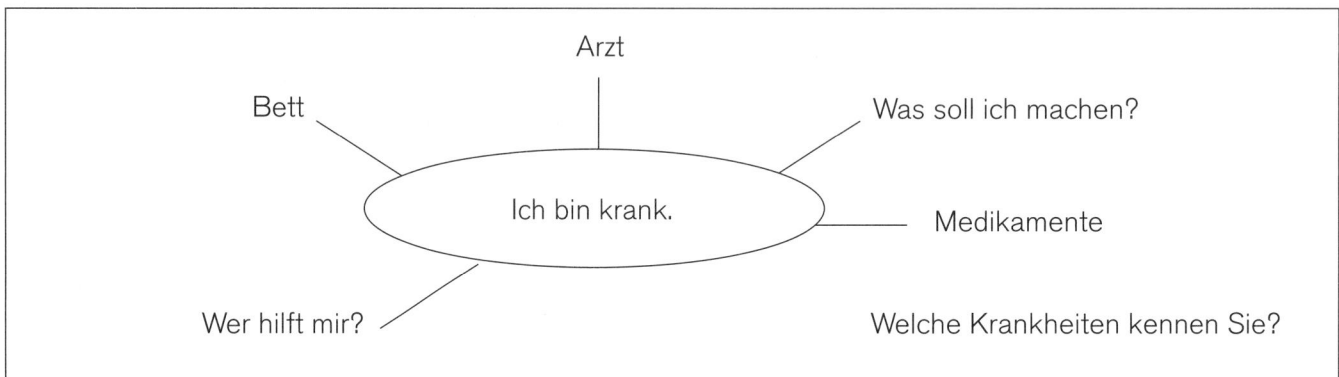

Nachdem Sie einige Beispiele mit Hilfe der TN an die Tafel geschrieben haben, geben Sie die Aufgabe, das Assoziogramm weiterzuführen an die TN. In GA sollen sie alles hinzufügen, was Ihnen noch zu dem Satz *Ich bin krank.* einfällt. Häufig haben nicht alle TN Erfahrung in der Erstellung von Assoziogrammen und müssen an diese Arbeit herangeführt werden. Um die Ideenfindung zu unterstützen, lassen Sie die TN die Einstiegsseite betrachten und notieren Sie Fragen und Stichpunkte an der Tafel (s.o.). Gehen Sie herum und bieten Sie den TN Hilfestellung an. Stockt die Arbeit in den Gruppen, können Sie sie mit Zusatzfragen zu weiteren Überlegungen anregen, z.B. *Wo arbeitet ein Arzt? Was/Wer ist in der Praxis? Was braucht der Arzt/der Apotheker? Was gibt Ihnen der Arzt/der Apotheker?* Sind die in der GA erzielten Ergebnisse vergleichbar, können Sie auf eine Besprechung im PL verzichten. Ansonsten stellen Sie in einer PL-Phase sicher, dass der zentrale – für die Bildbeschreibung erforderliche – Wortschatz präsentiert und notiert wird.

Bitten Sie die TN nun in PA über die Fotos der Einstiegsseite zu sprechen. Sie sollen möglichst genau beschreiben, was sie sehen. Bitten Sie die TN dann, miteinander zu besprechen, was nach der dargestellten Situation bei der Arzthelferin vermutlich geschieht (*Wartezimmer, Untersuchung, Rezept, Apotheke, Medikamente, …*).

Erste Doppelseite: Ich habe Schmerzen!

KB 1, AB 1

Zur Aktivierung des Vorwissens der TN zeichnen Sie ein einfaches Strichmännchen an die Tafel und bitten die TN die ihnen bekannten Körperteile zu benennen. Diese Aufgabe kann im PL, in PA oder auch in GA durchgeführt werden. Auf diese Weise wird das Selbstvertrauen der TN in ihre Vorkenntnisse gestärkt bzw. haben sie bereits einige der in der Aufgabe KB 1 zuzuordnenden Körperteile kennengelernt. Je nachdem wie Sie den unmittelbaren Übungsbedarf der TN und die zur Verfügung stehende Unterrichtszeit einschätzen, kann die Aufgabe 1 im AB im Unterricht oder als Hausaufgabe bearbeitet werden. Wenn Sie zu einem späteren Zeitpunkt die Bezeichnungen der Körperteile wiederholen möchten, können Sie auf folgende spielerische Übungen zurückgreifen: Alle TN stehen und Sie (oder später ein/eine TN) nennen Körperteile, auf die die TN dann bei sich zeigen.

- Stellen Sie Fragen (ins PL/an Gruppen) und lassen Sie diese mündlich oder schriftlich beantworten. *Welche Körperteile hat jeder Mensch zehn Mal?*

- Organisieren Sie einen Wettbewerb. Lassen Sie die TN in GA innerhalb von fünf Minuten möglichst viele Körperteile notieren, die jeder Mensch nur einmal hat. Zur Auswertung lassen Sie die Gruppen immer abwechselnd je ein Körperteil an die Tafel schreiben. Sollte die andere Gruppe diesen Körperteil auch aufgeschrieben haben, verfällt er bei der zweiten Gruppe. Jeder Körperteil darf nur einmal genannt und gewertet werden. Die Gruppe mit den meisten Körperteilen gewinnt.

KB 2, AB 2, 3, 5

Zur Überleitung zur Aufgabe KB 2 können Sie die TN Sätze mit maskulinen oder neutralen Körperteilen mit entsprechender Mimik und Gestik vorspielen lassen, wie *Ich habe Beinschmerzen. Mein Bein tut weh.* Machen Sie deutlich, dass beide Sätze synonym verwendet werden. Fordern Sie die TN auf, sich die Fotos der Aufgabe KB 2a anzusehen und in EA/PA entsprechende Sätze zu schreiben. Nach dieser ersten Verwendung des Possessivpronomens *mein* besprechen Sie mit den TN – ggf. unter Zuhilfenahme eines Tafelanschriebs –, dass die Possessivpronomen wie die unbestimmten Artikel dekliniert werden und folglich immer der Artikel des nachfolgenden Nomens berücksichtigt werden muss. Lassen Sie die TN nun die Aufgabe 2b in EA/PA lösen. Sind die TN unsicher, lassen Sie sie außerdem die Aufgaben 2, 3 und 5 im AB bearbeiten. Ansonsten gehen Sie gleich zur Aufgabe 2c im KB über.

KB 3, AB 4

Erklären Sie den TN die Possessivpronomen *sein* und *ihr*. Zur Verdeutlichung bietet sich ein Tafelanschrieb mit unterstützender Visualisierung z. B. durch weibliche und männliche Strichmännchen/Symbole an der Tafel an. Lassen Sie nun die TN die Aufgabe 3 im KB in EA lösen und mit dem/der Sitznachbarn/in vergleichen. Da vielen TN die Unterscheidung zwischen *sein* und *ihr* Schwierigkeiten bereitet, ist es ratsam, diese Possessivpronomen intensiver zu üben. Fordern Sie die TN doch dazu auf, Sätze zu den in den Aufgaben 2a und 2c abgebildeten Personen zu bilden, z. B. 2a Bild 1: *Ihr Bauch tut weh.* Im Kurs oder als Hausaufgabe kann vertiefend die Aufgabe 4 im AB bearbeitet werden.

KB 4, AB 5, 6

Zur Vorentlastung der Aufgabe 4 im KB können Sie die TN auch die Aufgaben 5 und 6 im AB lösen und zusätzlich die entstandenen Dialoge in PA lesen lassen. Im Anschluss leiten Sie die Aufgabe 4 im KB wie angegeben an. Falls die TN unsicher sind, können sie die erste Variation des Ausgangsdialogs auch schriftlich formulieren und dann erst zum mündlichen Variieren übergehen.

Zweite Doppelseite: In der Sprechstunde

KB 5, AB 7

Durch die Arbeit an der Einstiegsseite und der ersten Doppelseite ist der Wortschatz der Aufgabe 5 im KB bereits vorentlastet. Zur vertieften Nutzung des Materials der Aufgabe 5 im KB können Sie die Fotos im PL/in GA/in PA beschreiben lassen. Oder Sie machen ein kleines Spiel daraus und ein TN beschreibt ein von ihm gewähltes Foto, während die anderen TN raten, welches sie/er beschrieben hat. Danach lösen die TN die Aufgabe selbstständig in PA. Die Aufgabe 7 im AB vertieft das in dieser Aufgabe Vermittelte.

KB 6, AB 8, 9

Zur Vorentlastung der Aufgabe 6 im KB können Sie die Aufgabe 8 im AB bearbeiten lassen. Oder besprechen Sie in einem Unterrichtsgespräch die für Arztbesuche und die Aufgabe 6 im KB zentralen Wörter (*Arzt, Gesundheitskarte, Krankenhaus, Sprechstundenhilfe, Sprechzimmer, Termin*), indem Sie die TN fragen *Wer ist das?* (und auf Bild 8, Aufgabe KB 5 zeigen), *Was braucht der Arzt?* etc.

Dann bearbeiten die TN die Aufgabe 6a sowie nach deren Kontrolle die Aufgabe 6b im KB. Damit die TN mit Arzt-Patienten-Gesprächen und dem Imperativ vertrauter werden, lassen Sie die TN in PA den Dialog spielen, um dann im Anschluss noch die – wie in Aufgabe 6c geforderten – Imperativformen zu unterstreichen. Erklären Sie, wie im Grammatikkasten vorgeschlagen, die Bildung des Imperativs in der 3. Person Plural und im Anschluss die der 2. Person Plural. Zur Übung des Imperativs der 2. Person Plural schreiben die TN in der Aufgabe 6d im KB die Tipps der Aufgabe 6b um. Die Aufgabe 6e im KB können Sie wie vorgeschlagen bearbeiten und bei Bedarf erweitern. Lassen Sie die TN in PA aus den einzelnen Wörtern Sätze bilden, wie *Ich habe Rückenschmerzen. Was soll ich tun?*. Zur Systematisierung und Einübung der Imperativformen dient die Aufgabe 9 im KB.

KB 7, AB 10

Lassen Sie bei der Bearbeitung der Aufgabe 7a im KB die TN die Wörter wie vorgeschlagen den Fotos zuordnen und unterstützen Sie sie bei der Suche nach den Artikeln in ihren Wörterbüchern. Um das in Aufgabe 7b im KB anschließende Hörverstehen vorzuentlasten, klären Sie mit den TN, zu welchem/

welchen Wort/Wörtern die Verben *nehmen*, *wechseln* und *streichen* passen. Dies können Sie sowohl im PL als auch in EA/PA machen, wenn Sie diese drei Verben an der Tafel vorgeben und bitten, sie den Wörtern zuzuordnen. Lexikalisch ist das Hörverstehen der Aufgabe 7b im KB gut vorentlastet und wird nach dem individuellen Lesen der Sätze sicherlich gut bewältigt. Besprechen Sie mit den TN, dass das Verb *sollen* für Ratschläge verwendet wird, und geben Sie ihnen mit der Bearbeitung der Aufgabe 10a (erste Spalte) und 10b im AB die Gelegenheit, sich mit diesem Modalverb vertraut zu machen.

KB 8, AB 10, 11

Erläutern Sie den TN nun, dass das Modalverb *dürfen* mit einer Verneinung ein Verbot ausdrückt. Es bietet sich an, einfache Verbotsschilder (*Rauchen/Essen/Handy/Hunde verboten*) an die Tafel zu malen und zu versprachlichen (*Sie dürfen hier nicht rauchen.*) Nach dieser Vorentlastung können die TN die Aufgabe 8a im KB bearbeiten und sich mit dem Verb *dürfen* in der Aufgabe 10a (zweite Spalte) und 10c weiter auseinandersetzen.
Um den TN das Führen der Gespräche in Aufgabe KB 8b zu vereinfachen, erstellen Sie doch Kärtchen mit alltäglichen, leichten Krankheiten und Beschwerden. Geben Sie diese an die in Gruppen arbeitenden TN. Der Reihe nach ziehen die TN ein Kärtchen, formulieren einen Satz und erhalten Tipps der anderen TN (*Knieschmerzen – Ich habe Knieschmerzen. Was soll ich tun? – Du sollst keinen Sport machen und die Salbe auf das Knie streichen.*). Um die Ratschläge nicht nur in der zweiten Person Singular zu geben, können Sie auch noch Würfel verwenden (*1 und 2 = du, 3 und 4 = ihr, 5 und 6 = Sie*). Ergänzend im Kurs oder als Hausaufgabe ist die Aufgabe 11 im AB gedacht.

Dritte Doppelseite: Haben Sie eine Krankmeldung?

KB 9

Als Hinführung zu der Aufgabe können Sie die TN bitten die Ärzte zu nennen, welche sie kennen bzw. bei denen sie oder Bekannte von ihnen in Deutschland schon waren. Werden von den TN nur wenige Ärzte genannt bzw. ist der Kenntnisstand sehr unterschiedlich, lassen Sie die TN, um ihnen Sicherheit zu geben, die Aufgabe 9 im KB in PA/GA bearbeiten und besprechen die Zuordnungen anschließend im PL.

KB 10, AB 12, 13

Besprechen Sie mit den TN, was Sie machen, wenn Sie krank sind. *Gehen Sie einfach so zum Arzt oder rufen Sie an und machen Sie einen Termin? Und was gibt ihnen der Arzt nach der Untersuchung? Ein Rezept, Medikamente, eine Krankmeldung?*
Lassen Sie die TN in PA die Aufgabe 10a im KB bearbeiten und während des Hörens kontrollieren. Anschließend können die TN den korrekt sortierten Dialog zur Förderung der Aussprache in PA spielen. Vor dem Hören des Dialogs in Aufgabe 10b im KB geben Sie den TN Zeit, sich mit den Antwortmöglichkeiten vertraut zu machen. Als zusätzliche Übungsmöglichkeiten des Hörverstehens werden die Aufgaben 12 und 13 im AB angeboten.
Haben Sie etwas Zeit und möchten die TN zum freien Sprechen anregen, fordern Sie die TN auf, zu erzählen, wie Arztbesuche in ihren Heimatländern von Statten gehen. Mögliche Leitfragen für den Austausch in GA/im PL: *Sie sind krank. Was machen Sie in Ihrem Heimatland? Brauchen Sie einen Termin beim Arzt? Gibt es auch Gesundheitskarten? Was ist in Ihrem Heimatland bei Arztbesuchen wie in Deutschland, was ist anders?*

KB 11, AB 14

Gehen Sie bei der Aufgabe 11 im KB ebenso vor wie bei der vorangegangenen Aufgabe. Sind die TN geübter, können sie die Repliken auch in EA sortieren. Haben alle TN die korrekte Reihenfolge und haben sie sich ggf. noch durch lautes Lesen mit dem Dialog auseinandergesetzt, lassen Sie sie die Lücken in Aufgabe 14a im AB schließen.

KB 12, AB 14

Zur Kontrolle der Aufgabe 14a im AB lesen die TN den Brief in Aufgabe 12a im KB und ordnen anschließend die Benennungen den Briefteilen zu. Als Vorentlastung der Aufgabe 12b im KB können die TN zuerst die Aufgabe 14b im AB bearbeiten. Durch die inhaltlichen und lexikalischen Vorgaben sowie durch die strukturierenden Leitpunkte wird diese Aufgabe den TN leichter fallen. Zudem ist es eine Vorbereitung auf die schriftliche Prüfung verschiedener Formate, z. B. den Deutsch-Test für Zuwanderer. Um den TN die häufig vorkommende Scheu vor dem Schreiben etwas zu nehmen und die Möglichkeit eines wechselseitigen Austausches zu nutzen, lassen Sie die TN die Aufgabe 14b im KB in PA bearbeiten. Zusätzlich sollten die TN für die Krankmeldung einen Brief schreiben, der alle formalen Teile beinhaltet. Auf diese Weise setzen sie sich noch einmal aktiv mit der in Aufgabe 12a im KB präsentierten Struktur auseinander.

A1 Lektion 10 – Gestern und heute

Lernziele

Sagen, was man am Vortag/in der letzten Woche/Monat/Jahr gemacht hat | Über die eigene Herkunft sprechen |
Besprechen, wie der Tag/das Wochenende/ein vergangenes Ereignis war

Einstiegsseite

Vor der eigentlichen Arbeit an der Einstiegsseite verdeutlichen Sie den TN zuerst die Bedeutung der Zeitangaben *gestern* und *heute*. Sie können folgende Sätze an der Tafel notieren: *Heute ist Dienstag. Gestern war Montag.* Auf diese Weise präsentieren Sie zugleich auch die erste Vergangenheitsform. Davon ausgehend ergänzen Sie folgende Fragen an der Tafel: *Was ist heute? Was war gestern?* und gehen in ein Unterrichtsgespräch über. Notieren Sie ein paar der von den TN genannten Antworten (z.B. *Heute ist/Gestern war (kein) Regen/(kein) Unterricht/Anna (nicht) da/...*).

Fragen Sie nun die TN *Wo sind Sie jetzt?* und *Wo waren Sie gestern?* und greifen Sie auf diese Weise vorgehend zentrale Bezeichnungen für die Zeit auf (z.B. *Jahreszeiten, Wochentage, Tageszeiten*) und notieren diese an der Tafel.

Durch dieses Unterrichtsgespräch sind sowohl der Wortschatz als auch die Vergangenheit vorentlastet, so dass Sie die TN auffordern können, sich mit den auf der Einstiegsseite notierten Teilsätzen zu beschäftigen. In PA/GA stellen die TN einander Fragen und beantworten sie. Gehen Sie währenddessen herum und geben Hilfestellung.

Im Anschluss lassen Sie die TN in PA/GA die Fotos beschreiben und vermuten, was alle Fotos gemeinsam haben. Gibt es ein gemeinsames Thema der Fotos? Sollte es nicht genannt werden, weisen Sie die TN auf *Urlaub/Erinnerungen* hin. Je nach Zusammensetzung Ihrer Lerngruppe können Sie die TN bitten, in Ihren Gruppen zu berichten, wo Sie im letzten Urlaub waren oder wo sie zuletzt gelebt haben.

Als Überleitung zur Aufgabe 1 im KB fassen Sie zusammen bzw. erzählen Sie den TN, dass der Mann und die Frau im Reisebüro sind und in den Urlaub fahren möchten. Erläutern Sie den TN, was es mit den „Stühlen" auf dem Bild unten in der Mitte auf sich hat (*Strandkorb, abschließbar, Nord-/Ostsee, Schutz vor dem Wind, ...*).

Erste Doppelseite:
Was hast du gestern gemacht?

KB 1, AB 1, 2, 3

Aufgrund der Vorentlastung durch die Arbeit an der Einstiegsseite können Sie nun gleich mit der Arbeit an der Aufgabe 1 im KB beginnen. Haben die TN den Dialog gehört, mitgelesen und herausgefunden, wohin das Ehepaar in den Urlaub fährt, lassen Sie die TN in PA den Dialog nachspielen. Zur weiteren inhaltlichen Beschäftigung mit dem Dialog beantworten die TN die Fragen der Aufgabe 2 im AB. Gehen Sie nun zur Aufgabe 1b im KB über, erläutern Sie anhand der Beispiele aus der Tabelle und dem Verweis auf die entsprechenden Stellen im Dialog die Aufgabe und lassen die TN die Partizipien finden. Je nach dem, wie lerngewohnt die TN sind, können Sie diese Aufgabe in EA oder PA lösen und anschließend mit den Sitznachbarn vergleichen. Erklären Sie nun den TN die Bildung des Perfekts mit *haben* an der Tafel. Berücksichtigen Sie, dass Lernende Dinge, die sie selbst herausfinden, stets besser behalten als von Lehrenden vermittelten Lernstoff. Versuchen Sie daher mit gezielten Fragen nach den Vorsilben, Endungen des Perfekts etc. die Regeln gemeinsam mit den TN zu erarbeiten. Im Anschluss erstellen die TN in Aufgabe 1c im KB eine Tabelle der im Dialog vorkommenden Partizipien. Die erste, gesteuerte Anwendung der Partizipien können die TN in der Aufgabe 3 im AB in Angriff nehmen. Aufgabe 1 im AB eignet sich gut zur Vertiefung des präsentierten Vokabulars sowohl im Unterricht als auch als Hausaufgabe.

KB 2, AB 4, 5, 6, 7

Um die TN Schritt für Schritt an die selbstständige Verwendung des Perfekts heranzuführen, arbeiten Sie zuerst mit dem AB weiter. Mit den Aufgaben 4 und 5 im AB üben die TN anhand einfacher, kurzer Sätze die Satzstellung und wiederholen die Konjugation des Verbs *haben*. Nachdem sich die TN auf diese Weise mit den zentralen Aspekten des Perfekts beschäftigt haben, gehen Sie zur Aufgabe 2a im KB über und lassen Sie die TN in PA die Sätze ins Perfekt setzen. Es wird nicht vorausgesetzt, dass die TN die für die Aufgabe erforderlichen Partizipien bereits beherrschen. Weisen Sie bei Bedarf die TN darauf hin, dass sie alle Partizipien auf der vorhergehenden Seite finden.

Besprechen Sie anhand des Beispiels im Grammatikkasten mit den TN im PL die Position der Zeitangaben im Satz und lassen Sie sie die Aufgabe 2b im KB bearbeiten. Abhängig von der Lernerfahrenheit der TN können Sie die Aufgabe schriftlich oder mündlich lösen lassen. Zur Erweiterung bzw. Systematisierung des Wortschatzes sortieren die TN in Aufgabe 7 im AB einige Zeitangaben. Setzen Sie diese Aufgabe im Unterricht ein, lassen Sie die TN dies in EA tun und anschließend mit dem/der Nachbarn/in vergleichen. Auf diese Weise üben die TN das selbstständige Arbeiten ebenso wie die Zusammenarbeit und Kommunikation mit anderen TN. Die Aufgabe 2c im KB eignet sich sowohl für die Bearbeitung in EA als auch in PA. Damit die TN die Satzstellung im Perfekt aktiver erfahren, geben Sie Gruppen von jeweils vier TN vier leere Blätter, die sie mit den Satzteilen der Aufgabe 2c im KB beschriften. Diese Blätter vor sich haltend ordnen sich die TN dann im Raum. So setzen sich die TN mit den Sätzen auseinander und präsentieren am Ende dieser Phase „ihren" Satz der ganzen Gruppe.

KB 3, AB 8, 9, 10, 11

Als Überleitung zur Aufgabe 3 im KB können Sie im PL ein Unterrichtsgespräch über Wochenendaktivitäten bzw. Fußball beginnen. In stärkeren Lerngruppen ist es jetzt bereits möglich, die TN zu einigen eigenständigen Sätzen im Perfekt anzuregen. Sind die TN eher schwächer, berichten Sie doch in einfachen Sätzen, was Sie am Wochenende gemacht haben. Geben Sie den TN nun Zeit, sich die Fragen und Antwortmöglichkeiten der Aufgabe 3a im KB durchzulesen. In EA bearbeiten die TN während des Hörens die Aufgabe 3a. Machen Sie die TN im Anschluss an die Kontrolle der Aufgabe 3a im KB auf den Notizzettel mit dem Tipp zu unregelmäßigen Partizipien aufmerksam und gehen Sie zur Aufgabe 3b im KB über. Haben die TN die Partizipien herausgehört und korrekt notiert, vervollständigen sie – wie in der Aufgabenstellung angegeben – ihre Tabellen. Haben Sie die Möglichkeit, lassen Sie doch die TN diese Tabelle auf große Bögen Papier schreiben und hängen diese dann für die nächsten Wochen als Gedächtnisstütze im Unterrichtsraum auf.
Anhand der Aufgabe 8 im AB können die TN ihre Kenntnisse der Partizipien überprüfen und ggf. ihre zuvor erstellten Tabellen zu Rate ziehen. Als direkte Vorbereitung auf die Aufgabe 3c im KB dient das Formulieren von Fragen im Perfekt in der Aufgabe 9

im AB. Wir empfehlen diese Fragen in PA formulieren zu lassen, so dass sich die TN gegenseitig ergänzen und unterstützen können. Die auf die Festigung des Wortschatzes abzielende Aufgabe 10 im AB entlastet ebenfalls die Aufgabe 3c im KB. Aufgabe 11 im AB kann als Hausaufgabe oder je nach Stärke der TN in EA/PA im Unterricht bearbeitet werden.

Zweite Doppelseite: Gestern bin ich ...

KB 4, AB 12

Als Überleitung zur Aufgabe 4 im KB führen Sie im PL ein kurzes Klassengespräch über das Thema *Urlaub*. Sie können die TN z. B. mit Fragen dieser Art zum Sprechen anregen: *Wo haben Sie letztes Jahr/ als Kind/noch nie Urlaub gemacht? Rufen Sie Ihre Freunde aus dem Urlaub an oder schreiben Sie Ihnen Mails/Postkarten?* Nutzen Sie das Gespräch auch für die Einführung des für das Verständnis der Postkarte zentralen Wortschatzes (*Postkarte, Insel, Ferienhaus, Strand, Inselrundfahrt*). Nun bearbeiten die TN die Aufgabe 4a. Nach deren Besprechung und der Erläuterung des Gebrauchs des *Perfekts mit sein* beantworten die TN in PA schriftlich die Fragen der Aufgabe 4b im KB. Durch das Herausschreiben der Aktivitäten sind die TN bereits einmal mit den Formen des *Perfekts mit sein* in Berührung gekommen und sie sollten sich im Anschluss in der Aufgabe 12a des ABs mit der Konjugation von *sein* sowie den in der Postkarte gebrauchten Partizipien aktiv beschäftigen.

KB 5, AB 12

Durch die Auseinandersetzung mit den Formen der Partizipien sowie der Konjugation von *sein* sind die TN ausreichend vorbereitet, die Sätze der Aufgabe 5a im KB ins Perfekt zu setzen. Wir empfehlen die Aufgabe 5a und insbesondere die Aufgabe 5b im KB in PA bearbeiten zu lassen. Hierdurch werden die TN entlastet und gewinnen durch die partnerschaftliche Arbeit an Sicherheit. Diese benötigen sie für den zweiten Teil der Aufgabe, das spontane, mündliche Beantworten der Fragen. Achten Sie beim Herumgehen und Unterstützen der TN darauf, dass die Antworten in ganzen Sätzen und im Perfekt gegeben werden. Als Wiederholung bietet sich die Aufgabe 12b im AB als Hausaufgabe an.

KB 6

Als Vorentlastung des Hörverstehens und in diesem Zusammenhang der zu beantwortenden Fragen, stellen Sie sicher, dass die TN *geboren sein* und *aufge-*

wachsen sein verstehen. Zur Erläuterung bietet es sich an, dass Sie über sich erzählen und noch ein oder zwei TN antworten lassen, wo sie geboren und aufgewachsen sind.

Nach dem Hören und Bearbeiten der Aufgabe 6 im KB sowie der anschließenden Ergebniskontrolle, erarbeiten Sie mit den TN die erweiterte Regel zur Verwendung des *Perfekts mit sein*. Sie finden sie auf dem Notizzettel.

Ist ein grundlegendes Verständnis hergestellt, üben die TN in PA das Perfekt mit *sein*, vom reinen Vorlesen, über das Variieren bis hin zum freien Erzählen über die eigene Biografie.

KB 7, AB 13

Fassen Sie gemeinsam mit den TN im PL die Regeln für die Bildung des Perfekts mit *haben* und *sein* zusammen. In PA bearbeiten die TN die Aufgabe 7a im KB. Vergleichen die TN vor dem Hören des Dialogs ihre Lösungen mit einem weiteren TN-Paar, wird die Intensität der Übung noch gesteigert und die TN reflektieren ihre Entscheidungen.

Nachdem der Dialog gehört und die Antworten korrigiert sind, beantworten die TN in EA/PA die Fragen der Aufgabe 7c im KB. Wir schlagen vor, die Antworten schriftlich formulieren zu lassen. Geben Sie den TN Zeit, bis möglichst alle die Aufgabe bearbeitet haben. Haben TN die Aufgabe beendet, beginnen sie mit der Lösung der Aufgabe 13 im AB und beenden sie als Hausaufgabe. Damit schwächere TN mit dieser Hausaufgabe nicht überfordert sind, können Sie die einzusetzenden Partizipien und Formen von *haben* und *sein* ungeordnet an die Tafel schreiben oder den TN diktieren, die diese in ihre Hefte schreiben. So müssen die Formen dann nur noch zugeordnet werden.

Dritte Doppelseite: Wie war dein Urlaub?

KB 8

Stellen Sie sicher, dass den TN der Begriff Nachbar/in bekannt ist und lassen Sie die TN während des Hörens in EA die drei Verbformen zuordnen. Erklären Sie den TN anschließend, dass bei *sein* nicht das Perfekt verwendet wird und verweisen Sie auf den Grammatikkasten und den Notizzettel neben der Aufgabe. Als erste Anwendung der Präteritumformen von *sein* und als Übergang zur Aufgabe 9 im KB, können Sie mit den TN eine kurze einfache Kettenübung machen. Beginnen Sie und lassen Sie die TN sich dann Fragen stellen und beantworten *Wo waren Sie am Sonntag? – Ich war im Schwimmbad. Wo warst du vorgestern?*

KB 9, AB 14

Die TN lesen die Texte der Aufgabe 9a im KB und ordnen Sie den Fotos zu. Anschließend fordern Sie die TN auf, die Bilder zu beschreiben. Die Verwendung des Wortschatzes aus den Lesetexten stellt dabei durchaus eine beabsichtigte Anwendung und somit Verankerung des neuen Vokabulars dar. Zur Beschäftigung mit den Präteritumformen von *sein* sowie zur Vorentlastung des anschließenden Gesprächs lösen die TN die Aufgabe 14 im AB. Die TN besprechen dann in GA, wo sie schon einmal waren etc. und können sich hierbei der vorgegebenen Redemittel in Aufgabe 9b im KB bedienen.

KB 10

Die TN ordnen während des Hörens des Dialogs in EA die Verbformen den Lücken zu. Weisen Sie die TN darauf hin, dass die in der Aufgabe 8 im KB thematisierte Regel auch für das Verb *haben* gilt. Um verschiedene Anwendungsmöglichkeiten von *haben* und *sein* im Präteritum aktiv kennenzulernen, verbinden die TN die Sätze der Aufgabe 10b im KB miteinander.

KB 11, AB 15, 16, 17, 18, 19

Als Vorbereitung auf das Sprechen über die eigenen Aktivitäten, hören die TN die Aussagen der Aufgabe 11a und kreuzen das Passende an.

Um die TN in die Lage zu versetzen, in der Aufgabe 11b im KB über ihren Tag/ihr Wochenende zu schreiben, lassen Sie die TN zuvor in PA die Aufgaben 15 und 16 im AB lösen.

Nach dem Vervollständigen der Sätze geben Sie den TN in PA die Möglichkeit, über die aufgeschriebenen Erlebnisse zu sprechen und fordern die TN auf, sich wechselseitig Fragen zu stellen und zu beantworten, z.B. *Wie war dein Tag? Hattest du frei?* etc. Die Aufgaben 17 und 19 im AB eignen sich als vertiefende Übungen, z.B. als Hausaufgabe. Aufgabe 18 empfehlen wir hingegen im Unterricht durchzuführen, um allen TN die Gelegenheit zum Aussprachetraining zu geben, wofür TN erfahrungsgemäß häufig Anleitung und Hilfestellung benötigen.

A1 Lektion 11 – Wir gehen shoppen!

Lernziele

Eine Verkäuferin um Information und Hilfe bitten | Über Kleidungsgrößen und Farben sprechen | Im Internet Bestellmöglichkeiten recherchieren | Vorlieben und Abneigungen äußern | Etwas reklamieren

Einstiegsseite

Nutzen Sie als Einstieg in die Lektion die Bildbeschreibung. Um den TN einen Rahmen für die Beschreibung der Fotos zu geben, rufen Sie vorher den TN die W-Fragen ins Gedächtnis. Sammeln Sie im PL sinnvolle W-Fragen und schreiben Sie sie an die Tafel, z.B. *Wer? Was? Wo? Wann? Warum? Wie?* Benötigen die TN eher ein größeres Maß an Hilfestellung formulieren Sie mit den TN im PL Fragen und schreiben Sie sie an die Tafel, z.B. *Wer ist das? Was ist das? Was machen/kaufen die Frauen? Wo ist das? Wann ist das? Warum kaufen die Frauen (zusammen) ein? Wie sieht das/die Frau aus?*

Anhand der Fragewörter bzw. der Leitfragen beschreiben die TN nun in PA/GA die Fotos. Gehen Sie währenddessen herum und bieten Sie den TN Hilfestellung an. Danach bitten Sie die TN die Wortgrenzen der Wortschlange herauszufinden und zu markieren. Wenn nötig, helfen Sie den TN beim Erkennen der ersten Wortgrenze. Die in EA von den TN identifizierten Wörter können Sie an die Tafel schreiben, die Artikel ergänzen und mit den Oberbegriffen versehen.

Kleidung	Farben
die Jeans	orange
der Pullover	…
die Schuhe (Pl.)	
…	

In GA/PL bitten Sie die TN nun weitere Wörter zu den Oberbegriffen zu ergänzen. Lenken Sie nun den Fokus auf die individuellen Gewohnheiten der TN. Besprechen Sie im PL, wer gerne shoppen geht, wie oft, was gekauft wird etc. Thematisieren Sie während des Gesprächs den Unterschied zwischen *einkaufen* und *shoppen*.

Erste Doppelseite: Ich brauche neue Kleidung

KB 1, AB 1, 2

Durch die Arbeit an der Einstiegsseite ist der für die Aufgabe 1a nötige Wortschatz z.T. vorentlastet.

Lassen Sie die TN in EA die Bezeichnungen den Zeichnungen zuordnen und mit dem/der Sitznachbarn/in vergleichen. Ist eine vertiefte Auseinandersetzung mit den deutschen Bezeichnungen für Kleidungsstücke für Ihre TN erforderlich, bearbeiten die TN jetzt die Aufgabe 1a im AB.

In EA ergänzen die TN während des Hörens des Dialogs der Aufgabe 1b im KB die Tabelle. Bitten Sie die TN ihre Ergebnisse miteinander zu vergleichen und die Rechtschreibung anhand des Wortschatzkastens zu korrigieren. Damit die TN mit den Adjektiven vertrauter werden, lassen Sie sie die Aufgabe 2 im AB bearbeiten. Nun besprechen die TN in PA/GA im Rahmen der Aufgabe 1c im KB, wie ihnen Anas Kleidungsstücke gefallen.

Erklären Sie den TN das Wort Einkaufsbummel als Vorentlastung der Aufgabe 1c im KB und lassen Sie diese von den TN bearbeiten.

Um ein Gespräch über die Einkaufsvorlieben der TN anzuregen, lösen die TN die Aufgabe 1b im AB. Besprechen Sie dann in GA mit den TN, wo sie Kleidung kaufen und welche Geschäfte sie nicht nutzen. Aufgabe 1c im AB dient der Systematisierung des Wortschatzes und der Vorbereitung auf die Aufgabe 2 im KB.

KB 2, AB 3

Wiederholen bzw. führen Sie die bestimmten und unbestimmten Artikel im Nominativ, Dativ und Akkusativ anhand geeigneter Beispiele ein, z.B. *Wie finden Sie den Pullover? Die Jacke ist schön. Ein Mantel ist im Winter praktisch. Er trägt gerne eine Hose mit einem Hemd.* Auf diese Weise können Sie auch wiederholen, welche Verben/Präpositionen welche Fälle erfordern. Zur Einübung bearbeiten die TN in EA und PA die Aufgaben 3a–c im AB.

Nun gehen die TN zur eigenständigen Beschreibung der Personen der Aufgabe 2a im KB über. Um die TN nicht zu überfordern und sie von den Kenntnissen der anderen TN profitieren zu lassen, formulieren Sie die Personenbeschreibungen am besten in PA. Anschließend arbeiten die TN in EA und beschreiben je einen anderen TN und die anderen TN raten am Ende der

Beschreibung, um wen es sich handelt. Möchten Sie sicherstellen, dass nicht nur einige wenige TN, sondern alle TN beschrieben werden, notieren Sie doch die Namen der TN auf je einen Zettel und lassen die TN je einen Namen ziehen. Diejenige/Denjenigen, die/den man zieht, beschreibt man. Wird der eigene Name gezogen, wird der Zettel sofort gegen einen anderen eingetauscht.

KB 3, AB 4

Verfügen die TN bereits über Kenntnisse der deutschen Farbbezeichnungen, können Sie die Aufgabe 3 im KB – anders als in der Aufgabenstellung angegeben – mit der Zuordnung der Farbbezeichnungen beginnen und anschließend die Audioaufnahme zur Kontrolle nutzen. Zur Festigung der Farbbezeichnungen können die TN die Aufgabe 4 im AB im Unterricht, wenn die TN Unsicherheiten bei diesem Wortschatz zeigten, oder als Hausaufgabe zur Wiederholung machen. Lassen Sie nun die TN in PA/GA die Aufgabe 3b im KB bearbeiten. Sie können die Aufgabe erweitern, indem Sie die TN auffordern, auch die Farben der Kleidung der anderen TN sowie der im Raum vorhandenen Gegenstände zu benennen.

KB 4, AB 5, 6

Bearbeiten Sie mit den TN die Aufgabe 6 im AB als Vorbereitung auf die Aufgabe 4 im KB. Um möglichst viele Ideen zusammenzutragen, arbeiten die TN bei der Aufgabe 6a im AB in PA/GA. Die Aufgaben 6b und 6c können in EA mit anschließender Kontrolle in PA/GA gelöst werden. Durch wiederholte Beschäftigung mit den Bezeichnungen der Kleidungsstücke sowie dem schriftlichen Formulieren der Fragen ist die Aufgabe 4 im KB vorentlastet.

Bevor Sie die TN die Aufgabe 4 im KB bearbeiten lassen, verdeutlichen Sie ihnen anhand gängiger Beispiele die Bedeutung der Häufigkeitsadverbien. Z. B. ist es denkbar, dass Sie anhand Ihrer eigenen Gewohnheiten den TN Beispiele geben und an die Tafel schreiben wie: *Ich bin immer pünktlich. Ich trinke meistens Kaffee.* etc. Oder nehmen Sie einzelne TN als Beispiel: *Tom trinkt immer Wasser. Albina hat meistens eine Tasche dabei und manchmal einen Rucksack.* etc.

Ist die Bedeutung der Häufigkeitsadverbien sowie die Aufgabe klar, bearbeiten die TN wie im KB angegeben in PA die Aufgabe. Als Hausaufgabe zur Wiederholung der Häufigkeitsadverbien eignet sich die Aufgabe 5 im KB.

Zweite Doppelseite: Haben Sie das eine Nummer größer?

KB 5, AB 7, 8, 9

Leiten Sie zur Aufgabe 5a im KB über, indem Sie den TN die Situation verdeutlichen und sich vergewissern, dass die TN das Wort *Größe* im erforderlichen Zusammenhang kennen. Nach dem Hören der Dialoge, kontrollieren die TN die Lösungen. Hierfür haben Sie verschiedene Möglichkeiten. Entweder vergleichen die TN ihre Ergebnisse untereinander, sie besprechen die Lösung im PL oder die TN können sich durch das Lesen der unter der Aufgabe abgedruckten Dialoge selbst korrigieren. Nutzen Sie die Dialoge doch auch zum lauten Lesen und Spielen in PA. Sind die zwei Dialoge inhaltlich gut verstanden, gehen Sie mit den TN zur Aufgabe 5b im KB über und finden Sie mit ihnen gemeinsam das erste der Personalpronomen und markieren es. Verweisen Sie die TN auf den Grammatikkasten am rechten Rand und lassen Sie sie in der Aufgabe 5c im KB die Personalpronomen in EA ergänzen. Zur Binnendifferenzierung können schnelle TN die Aufgabe 7 im AB bearbeiten.

Erarbeiten Sie anhand von Fragen im PL, wann Personalpronomen im Dativ gebraucht werden und halten Sie dies an der Tafel fest. Mögliche Fragen: *Wann stehen Personalpronomen im Dativ? Nach welchen Verben? Wo finde ich diese Verben auf der Seite 42?* Nachdem die Formen und die Verwendung der Personalpronomen im Dativ verstanden sind, sprechen die TN im Rahmen von Aufgabe 5d im KB in PA/GA über Kleidung in von Ihnen/ihnen im Voraus mitgebrachten Prospekten.

Um den TN die Möglichkeit zu geben, sich in gebräuchliche Dialogmuster in Einkaufssituationen einzufühlen, lassen Sie sie nun die Aufgabe 9 im AB bearbeiten und zur Kontrolle anhören. Im Gegensatz zur Aufgabe 5d sollen die TN in der Aufgabe 5e im KB schriftlich längere Dialoge entwickeln und vorspielen. Stellen Sie genügend Unterrichtszeit für die Präsentation der erarbeiteten Dialoge zur Verfügung. Zur Würdigung der von den TN erbrachten Leistung korrigieren Sie während der Präsentationsphase möglichst sparsam und nur verständnisgefährdende Fehler. Aufgabe 8 im AB dient dem Prüfungsformattraining und kann zusätzlich im Kurs oder als Hausaufgabe bearbeitet werden.

KB 6, AB 10

Haben Sie eine heterogene Lerngruppe, so können Sie die Aufgabe 6a im KB leicht binnendifferenzierend nutzen. Bitten Sie hierfür die stärkeren TN den

Dialog unter den Aussagen 1 und 2 mit einem Blatt Papier abzudecken (oder die TN schließen die Bücher und Sie schreiben die beiden Aussagen an die Tafel.). Schwächere TN fordern Sie auf, während des Hörens den Dialog still mitzulesen. Bei der Aufgabe 6b im KB können Sie ebenso verfahren. Möchten Sie, dass sich die TN inhaltlich intensiver mit den zwei Dialogteilen beschäftigen, erstellen Sie doch ein Puzzle und lassen es in PA/GA zusammensetzen (Dialog(e) kopieren, auseinanderschneiden).

Nachdem Sie den TN anhand eines Beispiels die Steigerung der Adjektive verdeutlicht haben (siehe Grammatikkasten *groß*), suchen sie in Aufgabe 6c im KB in EA/PA die Adjektive in den Dialogen und erstellen Tabellen. Zur Einübung der Positiv-, Komparativ- und Superlativformen bearbeiten die TN die Aufgabe 10b im AB. Durch diese Übung sind die TN vorbereitet, sich in PA/GA über ihre Kleidungsvorlieben auszutauschen. Möchten Sie, dass die TN nicht nur jeweils einige wenige gängige Kleidungsstücke nennen, sondern möglichst viele, bereiten Sie doch Zettel vor, die jeweils mit einer Bezeichnung eines Kleidungsstücks beschriftet sind. Die TN ziehen je einen Zettel und sollen damit einen Satz bilden, z. B. *Ich trage gerne Röcke./Ich trage keine Röcke.* Möchten Sie den Schwierigkeitsgrad dieser Variante noch erhöhen, verwenden Sie doch Zettel, auf denen die Kleidungsstücke ausschließlich abgebildet und nicht versprachlicht sind. In EA/PA formulieren die TN dann in Aufgabe 6e im KB Sätze. Sind Ihre TN eher schwach, können Sie den Anspruch der Aufgabe 6e im KB auch mindern, indem Sie jeweils ein bis zwei Sätze von einem Paar bearbeiten lassen und dann die Ergebnisse im PL zusammentragen und besprechen. Die Aufgaben 10a und 10c im AB eignen sich als Wiederholung bzw. zur Festigung des Gelernten.

Dritte Doppelseite: Welche Farbe steht mir besser?

KB 7, AB 12

Geben Sie den TN mittels eines Tafelanschriebs bzw. einer Zeichnung an der Tafel ein Beispiel für Gegensatzpaare bei Adjektiven. Da die TN sich bereits in der vorherigen Doppelseite ausführlich mit den Adjektiven beschäftigten, muss die Aufgabe 12 im AB nicht weiter vorentlastet werden und kann in EA bearbeitet werden. Danach gehen Sie zu Aufgabe 7 im KB über, die die TN in EA/PA lösen. Möchten Sie die Schwierigkeit der Aufgabenstellung erhöhen – sei es für einen starken Kurs oder binnendifferenzierend für einige TN – können Sie die Aufgabe mit verdeckten Adjektiven lösen lassen. Aufgabe 7b im KB eignet sich gut für die Bearbei-

tung in PA/GA. Erarbeiten Sie zur Erläuterung der Aufgabenstellung ein Beispiel an der Tafel, wie *Die Hose steht ihm nicht. Sie ist zu lang.* Möchten Sie die Aufgabe eher spielerisch gestalten und die außersprachlichen Talente der TN würdigen, probieren Sie folgende Variante aus: Lassen Sie die Aufgabe in GA bearbeiten, geben den TN leere DIN A5-Kärtchen, auf denen sie auf der einen Seite Sätze in der oben angegebenen Art schreiben und auf der anderen Seite die Sätze durch eine Zeichnung illustrieren. Haben die Gruppen jeweils einige solcher Kärtchen zusammen erstellt, tauschen sie die Kärtchen untereinander, sehen sich die Zeichnungen an und versuchen entsprechende Sätze zu formulieren. Zum Vergleich lesen Sie anschließend die Sätze auf der Rückseite.

KB 8, AB 13

Zur Hinführung auf die Situation des Umtausches führen Sie im PL ein Gespräch darüber, was die TN tun/tun können, wenn sie etwas kaufen, das nicht passt. In PA bearbeiten die TN dann die Aufgaben 8a und 8b im KB wie in der Aufgabenstellung vorgeschlagen. Als Vertiefung und Vorentlastung der Aufgabe 8c im KB beantworten die TN die Fragen der Aufgabe 13a im AB und ergänzen während des Hörens die Lücken in Aufgabe 13b im AB. Als zusätzliche Vorbereitung auf die anschließende Gesprächsführung können die TN in PA den Dialog laut lesen. In der Aufgabe 8c im KB spielen die TN Dialoge. Je nach Lernstand der TN können die Dialoge aufgeschrieben und gespielt oder spontan gespielt werden. Schwache TN können auch die in Aufgabe 8a im KB oder in Aufgabe 13b im AB abgedruckten Dialoge variieren.

KB 9, AB 11

Leiten Sie durch Fragen im PL, ob die TN im Internet Kleidung kaufen, zur Aufgabe 9a im KB über. Lassen Sie doch zur Abwechslung einen/einige TN die E-Mail laut im PL vorlesen und bearbeiten die Aufgabe gemeinsam. Lenken Sie dann die Aufmerksamkeit der TN auf die Frage- und Demonstrativpronomen. Machen Sie die TN auf die Gemeinsamkeiten zwischen ihnen und den Formen der bestimmten Artikel aufmerksam und lassen Sie die TN im Grammatikkasten die Unterschiede herausfinden. Anschließend schließen die TN in der Aufgabe 9b im KB die Lücken. Zur Festigung der Formen der Frage- und Demonstrativpronomen stehen den TN die Aufgaben 11a und 11b im AB zur Verfügung. Sind die Formen bekannt, bearbeiten die TN die Aufgabe 11c im KB. Interessanter und lebensnäher können Sie die Aufgabe gestalten, indem Sie den TN Prospekte als Ausgangsbasis für ihre Gespräche geben.

A1 Lektion 12 – Endlich Frühling!

Lernziele

Über das Wetter und die Jahreszeiten sprechen | Datumsangaben machen und verstehen | Einladungen verfassen, annehmen und absagen

Einstiegsseite

Lassen Sie die TN die Einstiegsseite betrachten und im PL Vermutungen anstellen, worum es in dieser Lektion gehen wird. Fassen Sie die von den TN genannten Vorschläge an der Tafel zusammen und erarbeiten Sie so eine Übersicht über die Themen der Lektion.

Fordern Sie die TN auf, in GA alle Feste und Feiern zusammenzutragen, die ihnen wichtig sind und zu notieren, wann sie stattfinden. Die Ergebnisse der GA werden im PL vorgetragen und Sie erstellen wie im petrolfarbenen Kasten der Einstiegsseite angedeutet eine Sammlung von Feiertagen und -anlässen mit Zuordnungen zu Monaten bzw. zu Daten, die den TN wichtig sind. Sind den TN nicht alle deutschen Monatsnamen bekannt bzw. werden nicht alle genannt, können Sie sie zu diesem Zeitpunkt ergänzen oder die Lücken bis zur Thematisierung der Monate im KB offenlassen. Wählen Sie die zweite Variante, entlasten Sie die Monate und Feste gut vor, ohne alles vorwegzunehmen.

Bitten Sie nun die TN in PA die Fotos der Einstiegsseite zu beschreiben. Führen Sie die Bildbeschreibung im PL fort. Freiwillige TN beschreiben je eines der Fotos möglichst ausführlich. Unterstützen Sie sie ggf. durch geeignete Fragen oder Nennung erforderlichen Wortschatzes. Lassen Sie die TN nach Abschluss der Beschreibung des großen Fotos vermuten, was die Personen feiern.

Möchten Sie im Verlauf der Lektion 12 kurz Stoff der vorangegangenen Lektion 11 wiederholen, können Sie ebenfalls die Bilder nutzen. Lassen Sie die TN in PA wechselseitig auf eines der Ostereier zeigen und fragen und antworten: *Welche Farbe hat dieses Ei? – Dieses Ei ist türkis. Welche Farbe hat diese Bluse/dieses Hemd? - ... , Welche Farbe hat diese Kerze? - ...*

Erste Doppelseite: Heute kann es regnen, stürmen oder schneien ...

KB 1, AB 1, 2

Lassen die TN die Aufgabe 1a im KB in PA bearbeiten, um ihnen einen Austausch über die möglichen Lösungen zu ermöglichen. Kontrollieren Sie die Zuordnungen im PL. Zur Vertiefung und zur Vorbereitung auf die Aufgabe 1b im KB identifizieren die TN in Aufgabe 1a im AB für Wetterbeschreibungen geeignete Adjektive. Aufgabe 1b im AB können Sie zum Training der Arbeit mit Wörterbüchern nutzen. Bitten Sie die TN, die Nomina zu den Piktogrammen herauszufinden, indem sie im deutschsprachigen Teil eines Wörterbuchs das entsprechende, aus den vorhergehenden Übungen bekannte deutsche Verb nachschlagen und im Umfeld des Verbs nach dem deutschen Nomen suchen. Ist dieses Vorgehen in Ihrer Lerngruppe nicht bzw. nicht von allen durchführbar, können Sie auch die einzusetzenden Nomina alphabetisch an der Tafel vorgeben. Haben die TN auch die Aufgaben 1c und 1d im AB bearbeitet, ist der Wortschatz nun hinreichend bekannt und eingeübt, so dass Sie mit der Aufgabe 1b im KB fortfahren können. Lassen Sie die TN die Lösung der Aufgabe nach dem ersten Hören in PA besprechen und vergleichen Sie nach dem zweiten Hören ggf. noch einmal im PL.

Die Aufgaben 2a und 2b im AB eignen sich zur wiederholenden Festigung des Lernstoffes sowohl im Rahmen des Unterrichts als auch als Hausaufgabe.

KB 2, AB 3

Beginnen Sie mit der Aufgabe 2a im KB und lassen Sie die TN die Fragen anhand der kleinen Deutschlandkarte bei der Aufgabe 2b beantworten. Achten Sie darauf, dass die TN auch die Komposita wie *in Norddeutschland* neben reinen Richtungsangaben wie *im Norden* verwenden. Möchten Sie die Übung fortführen und die Fragepronomen auffrischen, können die TN anhand der Deutschlandkarte im Bucheinband in PA weiterarbeiten. Regen Sie sie dazu an, sich Fragen wie *Wo liegt Cottbus?* oder *Welche Stadt ist in Süddeutschland?* zu stellen und zu beantworten *Cottbus liegt in Ostdeutschland.* oder *Augsburg ist in Süddeutschland.* Nachdem die Richtungsangaben auf diese Weise vermittelt und eingeübt wurden, versprachlichen die TN die Wetterkarte der Aufgabe 2b im KB in einfachen Sätzen. Anschließend spielen Sie den Wetterbericht ab und lassen die Aufgabe 2c im KB lösen.

Als Abschluss der Beschäftigung mit dem Wetter schreiben Sie mit den TN im PL Wetterbericht oder lassen Sie die TN in PA Wetterberichte für den heutigen Tag schreiben. Zur Einübung der Richtungsangaben sowie zur Auseinandersetzung mit der Lage der Nachbarstaaten Deutschlands ist die Aufgabe 3 im AB gedacht. Sie ist gut als Hausaufgabe zu bearbeiten.

KB 3, AB 4, 5, 6

Als Vorbereitung auf die Aufgabe 3 im KB dient die Wortschatzarbeit der Aufgabe 4a und b im AB. Lassen Sie die TN in EA die Aufgabe 3a im KB bearbeiten. Haben die TN die Fragen beantwortet, lesen Sie mit den TN die beiden Texte laut im PL und weisen Sie währenddessen auf die Passagen hin, in denen die Antworten auf die Fragen zu finden sind. Die Aufgaben 5 und 6 im AB können als Vorentlastung der Aufgabe 3b im KB verwendet werden oder aber zur Vertiefung als Hausaufgabe. Geben Sie den TN für den Austausch in GA über das Wetter im Herkunftsland sowie deren Aktivitäten zu bestimmten Jahreszeiten ausreichend Zeit. Gehen Sie währenddessen herum und bieten Hilfe an.

KB 4, AB 7

Möchten Sie die Aufgabe 4 im KB nicht nur als reines Hörverstehen nutzen, bitten Sie die TN zuerst in EA die Sätze a–c den Sätzen 1–3 zuzuordnen und erst danach zur Kontrolle die Aufnahme auf der CD anzuhören. Erklären Sie anschließend den TN die Unterschiede zwischen den Verben *wollen* und *möchten* sowie *mögen* und *lieben* anhand geeigneter Beispiele, wie: *Ich will ein Eis! / Ich möchte (bitte) ein Eis. / Ich mag Vanilleeis. / Ich liebe Erdbeereis!* Zur Einübung der Konjugationen sowie zum Gebrauch dieser Verben bearbeiten die TN in EA/PA die Aufgaben 7a–c im AB.

Zweite Doppelseite:
Feste und Jahreszeiten

KB 5, AB 8

Bitten Sie die TN in PA die Aufgabe 5a im KB zu bearbeiten und anschließend über die Glückwunschkarten bzw. die Anlässe zu sprechen. Auf diese Weise geht die Bearbeitung der Aufgabe 5a in die der Aufgabe 5b im KB über. Unterrichten Sie eine eher lernstarke Gruppe, können Sie die TN auch bitten, bei geschlossenen Büchern zu besprechen und zu notieren, was zu den einzelnen Festen gehört. Sind die Feste, deren Bedeutungen sowie ein paar

der zugehörigen Sachen/Personen benannt und verstanden, wird es den TN möglich sein in PA, in der Aufgabe 5c im KB ein paar neue Komposita zusammenzusetzen. Besprechen Sie die Ergebnisse anschließend im PL.

Zur eigenständigen Wiederholung des Wortschatzes im Rahmen einer Hausaufgabe eignet sich die Aufgabe 8 im AB.

KB 6, AB 9

Lassen Sie die Aufgabe 6a im KB in PA bearbeiten und weisen Sie die TN zuvor darauf hin, dass mit *Partner/Partnerin* sowohl Lebens-/Ehepartner als auch Lernpartner gemeint sind. Andererseits könnten alleinstehende TN sich leicht ausgegrenzt fühlen.

Eine Möglichkeit der Abwandlung und Erweiterung der Aufgabe ist, die Jahreszeiten an die Tafel zu schreiben und die TN zu bitten, ein Kärtchen mit dem eigenen Namen und dem Geburtsdatum (ohne Jahreszahl) unter die entsprechende Jahreszeit zu heften. Überprüfen Sie im PL die Richtigkeit der Zuordnung.

Die Wortschlange der Aufgabe 6b können die TN in EA auflösen und den Jahreszeiten zuordnen. Schnellere TN können Sie auffordern, die Artikel der Monate herauszufinden. Lassen Sie sie anschließend von ihrem Ergebnis im PL berichten. Die TN ordnen nun in der Aufgabe 9a im AB die Wochentage in den Kalender ein und üben beim Hören und Nachsprechen deren Aussprache in Aufgabe 9b.

Aufgabe 9c ist als Wiederholung konzipiert. Am besten durch einen gut sichtbaren Tafelanschrieb stellen Sie den TN die unterschiedliche Verwendung der Präpositionen *im* und *am* vor, z.B. *Im Winter / im Dezember / am zweiten Wochenende / am Samstag treffen wir uns.* und lassen Sie die TN die Aufgabe 9d im AB lösen und untereinander vergleichen. Drei TN lesen die drei Repliken noch einmal im PL vor, um sicherzustellen, dass alle TN die richtigen Lösungen gefunden haben.

KB 7, AB 10

Die in der Aufgabe 9c im AB zuvor eingeübte Unterscheidung der Verwendung der Präpositionen *am* und *im* dient den TN als Vorentlastung der Aufgabe 7a und 7b im KB. Ist die Lerngruppe tendenziell stärker, können Sie diese Aufgabe auch mündlich in PA/GA bearbeiten lassen. Zusätzlich können Sie die Aufgabe 10 im AB im Unterricht oder als Hausaufgabe nutzen.

KB 8, AB 11

Gehen Sie bei der Aufgabe 8a im KB wie in der Aufgabenstellung angegeben vor. Besprechen Sie mit den TN die Bildung der Ordinalzahlen und deren Ausnahmen. Haben Sie die vorgeschlagene Variation der Aufgabe 6a im KB genutzt, können Sie nun auf die Geburtsdaten der TN zurückgreifen und diese zusätzlich zur Aufgabe 8b im KB verwenden. Anschließend üben die TN Jahreszahlen zu lesen. Um allen maximale Redezeit zur Verfügung zu stellen, arbeiten die TN in PA/GA. Schnelle TN können zusätzlich einige der Jahreszahlen aufschreiben.

Zur Vertiefung im Unterricht oder als Hausaufgabe eignen sich die zugehörigen Aufgaben 11a–d.

KB 9

Stellen Sie vor der Bearbeitung der Aufgabe 9 im KB sicher, dass die TN die Wörter Braut und Bräutigam verstehen. Lassen Sie die TN dann die Fragen während des Hörens beantworten und in Kooperation mit anderen TN die Aufgabe 9b lösen.

Geben Sie den TN insbesondere zur Besprechung der Aufgaben 9c und 9d Zeit und bieten Sie während der GA-Phase Hilfestellung an.

**Dritte Doppelseite:
Wir feiern eine Party.**

KB 10

Als Vorentlastung zum Thema der Doppelseite *Party* können Sie mittels eines Assoziogramms an der Tafel die im PL genannten Begriffe zum Thema *Party* notieren. Achten Sie darauf, dass die zentralen Wörter am Ende der Sammlungsphase genannt und notiert wurden (z. B. *Einladung, Zusage, Absage, Feier, Party, Geschenk*).

In EA beantworten die TN nach dem Lesen der E-Mail die Fragen zur Einladung, Aufgabe 10 a im KB. Je nachdem, welchen Übungsbedarf Sie bei den TN sehen, können Sie die Fragen auch schriftlich in ganzen Sätzen beantworten lassen. In dem Fall würde sich eine Arbeit in PA anbieten. Lassen Sie die TN vor dem Hören des Dialogs der Aufgabe 10b im KB die drei Fotos beschreiben. *Was*

ist zu sehen und sind dies der Meinung der TN nach gute Geschenke?

Aufgabe 10c im KB bearbeiten die TN in EA. Sind die Lösungen korrigiert, weisen Sie die TN darauf hin, dass es sich bei dieser E-Mail um eine *Zusage* handelt.

KB 11, AB 12, 13, 14

Planen Sie für die Aufgabe 11 im KB ausreichend Unterrichtszeit ein. Die TN schreiben in EA Einladungen zu einer Party und reichen die Einladungen an ihre/n rechte Nachbar/in weiter. Die erhaltene Einladung beantworten die TN nun wiederum in EA und geben Sie dem Einladenden zurück. TN, die diese Aufgabe rasch erledigen, können mit den Aufgaben 12, 13 oder 14 im AB beginnen, die das Verfassen von und Reagieren auf Einladungen vertiefen sowie das Ausfüllen von Formularen trainieren.

KB 12, AB 15, 16

Die TN arbeiten bei der Planung der Party im PL. Sie können die Planung unterstützen, indem Sie Stichpunkte bzw. Fragepronomen an der Tafel schreiben (z. B. *Wann? Wo? Wer? Was mitbringen? Wen mitbringen? Einkaufen?*). Nutzen Sie die Gelegenheit übliche Fehlerquellen in der Bearbeitung von Leitpunkten in Prüfungen zu thematisieren, so dass den TN diese Fehler im DTZ nicht unterlaufen (*jemanden/etwas mitbringen, Einladung annehmen/ablehnen* etc.).

Lebhafter, engagierter und reeller wird die Planung natürlich, wenn Sie es den TN ermöglichen können, die geplante Party tatsächlich durchzuführen. Aufgabe 15 im AB führt das von den TN geführte Planungsgespräch weiter und kann im Unterricht verwendet werden. So kann das Schreiben an Luisa und Sergej als Vorlage für eine reelle, von den TN zu schreibende E-Mail an TN dienen, die während der Partyplanung Ihres Deutschkurses nicht anwesend waren.

Zur Wiederholung der Frage- und Demonstrativpronomen können Sie die Aufgabe 16 im AB einsetzen. Haben Sie noch Unterrichtszeit zur Verfügung, können diese Dialoge auch als Ausgangspunkt dienen, um weitere Verkaufsgespräche zu führen.

AUSSPRACHETRAINING A1

Zur Bedeutung der Phonetik im DaF-Unterricht

Die Vermittlung der Aussprachemerkmale des Deutschen gehört zu den Grundbestandteilen des DaF/DaZ-Unterrichts. Aus gutem Grund: Sie verhilft dazu, Sprache nicht nur inhaltlich-formal zu begreifen, sondern auch klanglich und sinnlich erlebbar zu machen. Aussprache bildet zudem eine zentrale psychologische Komponente beim Erlernen der Sprache. So tragen Ausspracheschwierigkeiten bei den Lernenden häufig zu Sprechhemmungen oder Kommunikationsstörungen bei und können zu Lernbarrieren und Frustration führen. Im Vergleich zum Erwerb der neuen Grammatik oder Lexik stellt die Aussprache eine besondere Hürde dar. Über Lebzeiten eingewöhnte Hörmuster der Muttersprache oder anderer erlernter Sprachen zu durchbrechen und neue Klang- und Bewegungsmuster zu übernehmen, erfordert ein gesteigertes Bewusstsein für phonetisch-phonologische Prozesse, regelmäßiges Üben (Muskeltraining!) und vor allem die Motivation, „dran bleiben wollen". Sie als Lehrende haben dabei die wichtige Funktion, Ihre Teilnehmenden bestmöglich zu unterstützen: ob als sprachliches und stimmliches Vorbild, als „Hemmungsbrecher" oder als kompetenter Ansprechpartner, der die wichtigsten Regeln knapp und anschaulich vermitteln kann.

A1.1, 1 und 2 Das ABC/Buchstabieren

Das deutsche Sprachsystem verfügt über Vokale, Konsonanten, Diphthonge sowie Konsonantenverbindungen.

Die deutsche Sprache ist im Gegensatz zu anderen Sprachen sehr vokalreich (vgl.: Arabisch: 6 Vokale; Britisches Englisch: 12 Vokale und 5 Diphthonge, Portugiesisch: 14 Vokale und 13 Diphthonge). Zu den **16 Vokallauten** zählen a, e, i, o und u sowie die Umlaute ö, ü, ä in jeweils einer langen und einer kurzen Variante. Vokale sind Laute, bei denen die Atemluft an keiner Stelle gehemmt wird und die Atemluft somit direkt beim Sprechen aus dem Mund strömen kann. Wenn wir beispielsweise den Laut e sprechen, ist unser Mund leicht geöffnet und die Luft kann direkt an den Zähnen vorbeiströmen, ohne dass diese ein Hindernis bilden und den Luftstrom stoppen.

Die im Deutschen vorkommenden **Diphthonge** sind die Laute [aɪ] (ei), [ɔɪ] (eu/äu) und [aʊ] (au). Diphthonge stellen einsilbige Vokalverbindungen dar, die nicht wie die Vokale als lange und kurze Variante vorkommen. Das Deutsche verfügt weiterhin über mehr als **20 Konsonanten** (vgl.: Arabisch: 28; Spanisch und Britisches Englisch: 24). Konsonanten sind sogenannte „Hemmlaute", das heißt, dass bei der Bildung dieser Laute die Atemluft nicht ungehindert ausströmt und der Laut an einer Stelle „gehemmt" wird. Wenn wir z.B. den Laut f sprechen, wird die Atemluft an der Unterlippe und an den Zähnen gehemmt.

Eine weitere Besonderheit des Deutschen stellt die **Konsonantenverbindung** dar, also die Verbindung von mehreren Konsonanten wie z.B. bei sch, sp, st, und pf. Machen Sie Ihren TN bewusst, dass diese Verbindungen als ein Laut und nicht separat gesprochen werden.

Zur Bewusstmachung eignet sich immer ein Vergleich mit anderen Fremdsprachen. Bei englischsprachigen TN bietet sich dies vor allem für die Konsonantenverbindungen st und sp an. Zeigen sie den Unterschied zwischen dem Englischen sports und dem deutschen Wort Sport. Das Gleiche können Sie mit dem englischen Wort stand und dem deutschen Wort stehen machen. Sie können ebenfalls den Vergleich zwischen dem Laut sch und dem englischen Laut sh anstellen, z.B. mit den Wörtern Schule und shop o.Ä. Hierbei ist es allerdings wichtig, dass Sie Ihre TN darauf hinweisen, dass die Lautsprache zwar gleich, die Schriftsprache jedoch unterschiedlich ist.

Das spielerische Üben des Alphabets, z.B. mit Hilfe von (Kinder-)Liedern motiviert die TN und fördert die Merkfähigkeit. Sie können hier sehr spielerisch vorgehen und z.B. Ihre Gruppe teilen, sodass jede Kleingruppe eine Strophe oder bestimmte Buchstaben singt. Der Gesang kann ebenfalls mit Gesten oder anderen Bewegungen wie Klopfen, Stampfen, Hüpfen oder Klatschen verbunden werden. Je mehr Emotionen in den Lernprozess einfließen, umso größer ist die Motivation Ihrer TN.

A1.1, 3 Laute und Buchstaben

Gerade am Anfang des Fremdsprachenerwerbs ist es wichtig, dass die Lernenden einen Überblick über das deutsche Lautsystem und die Beziehungen von Lauten und Buchstaben gewinnen, um Gemeinsamkeiten mit der Muttersprache zu erkennen und sich Unterschiede bewusst zu machen. Zunächst ist es wichtig, darauf hinzuweisen, dass die **gesprochene Sprache (Lautsprache)** und **geschriebene Sprache (Schriftsprache) nicht gleich** sind: Man unterscheidet zwischen Buchstaben (= Schriftzeichen, die wir schreiben) und Lauten (= all das, was man akustisch wahrnimmt). Es ist wichtig, dass Sie Ihren Kursteilnehmenden diesen Unterschied bewusst machen, denn manche Buchstaben und Buchstabenverbindungen klingen anders als sie geschrieben werden (z.B. schreiben wir se**chs**, wir hören jedoch [zɛks]) oder klingen gleich, obwohl sie anders geschrieben werden (z.B. schreiben wir m**eh**r / M**ee**r, hören jedoch in beiden Fällen [meːɐ]). Es **nicht** notwendig, dass die Lernenden die **Lautschrift** beherrschen, sondern mit ihr umgehen lernen und diese mit der Zeit als Aussprachehilfe im Wörterbuch nutzen können.

Machen Sie Ihre TN darauf aufmerksam, dass in einigen Wörtern in der Schriftsprache auch zwei gleiche Vokale oder Konsonanten aufeinander folgen können. Geben Sie das Beispielwort *Mutter* und markieren sie *tt*. Fragen Sie nun Ihre TN, bei welchen anderen Buchstaben dies auch möglich ist (die Antwort finden sie mit Hilfe der Laut-Tabelle in Aufgabe 3) und sammeln sie diese an der Tafel. Sie werden feststellen, dass sich die TN all das, was sie sich selbst herleiten, schneller und besser merken werden.

Lösung:

Doppelvokale: *e* und *a*

Doppelkonsonanten: *p, b, t, d, g, m, n, l, f, s, r* und (selten) auch *z*.

Je nach Herkunft Ihrer TN werden einige Laute im Lautsystem der Muttersprache Ihrer TN ebenfalls vorhanden und somit bekannt sein, andere werden ihnen unbekannt sein und müssen daher bewusst gemacht und häufig geübt werden. Dies soll den TN in Aufgabe 3b selbst bewusst werden, indem sie den anderen TN über die Laute ihrer Muttersprache berichten. Da Ihre TN sich auf dem Niveau A1.1 befinden, reicht es, wenn Sie sich an dieser Stelle lediglich auf das Alphabet konzentrieren und das Lautinventar der deutschen Sprache kennen. Es geht noch nicht darum, dass jeder Laut perfekt gebildet wird. Vielen TN fällt es zunächst schwer, spezielle Laute des Deutschen wie die Umlaute *ü* und *ö* korrekt auszusprechen, was demotivierend sein kann. Machen Sie Ihren TN Mut und weisen Sie sie darauf hin, dass sie diese „schwierigen Laute" zu einem späteren Zeitpunkt noch einmal gesondert üben werden.

A1.1, 4 Silben im Deutschen

Wörter können in Silben unterteilt werden. Die richtige Unterteilung in Silben ist für den TN sehr wichtig, da durch die Zerlegung des Wortes in kleinere Einheiten einzelne Buchstaben und Laute eines Wortes für den TN sichtbarer werden. Dies hilft sowohl bei der korrekten Schreibung eines Wortes, als auch beim Lesen neuer Wörter und schließlich bei der korrekten Aussprache.

A1.1, 4a und b

Der Fokus in dieser Aufgabe liegt zunächst darauf, die TN *für die Unterteilung eines Wortes in Silben zu sensibilisieren*. Dazu fordern Sie Ihre Teilnehmer zunächst auf, die Beispielsätze und -wörter zu hören, mitzulesen und auf die Silben zu achten.

Geben Sie den TN vor dem zweiten Hören die Aufgabe, während des Hörens die Wörter in Silben zu unterteilen. Nachdem die TN die Silben markiert haben, hören sie noch ein drittes Mal. Weisen Sie die TN darauf hin, sich auf ihre Markierungen zu konzentrieren und diese zu kontrollieren.

Im Anschluss daran vergleichen Sie die Lösungen im PL. Führen Sie anschließend Aufgabe 4b in PA durch.

A1.1, 4e

Fordern Sie zunächst die TN auf, die Wörter zu finden und zu notieren. Vergleichen Sie die Lösungen. Fordern Sie die TN danach erst auf, die Wörter in Silben einzuteilen. Vergleichen Sie die Lösungen und lassen Sie die TN in PA anschließend die Silben klopfen, klatschen, stampfen etc.

A1.2, 1 lange und kurze Vokale

Man unterscheidet Vokale u.a. hinsichtlich ihrer Länge. Jeder Vokal existiert jeweils als lange und kurze Variante, z.B. *Katze* = kurzes *a*, *sagen* = langes *a*.

Zur visuellen Bewusstmachung der unterschiedlichen Vokallänge können Sie jedem TN ein Haar- oder Küchengummi geben. Notieren Sie ein Wort mit einem langen Vokal (z. B. das Wort *Name*) und markieren Sie den langen Vokal. Es ist ratsam, wenn zwischen Ihnen und Ihren TN eine klare und einheitliche Markierung festgelegt wird, mit der während des gesamten Kurses gearbeitet wird. Die gängigste Markierung ist die folgende:

Vokal unterstrichen = langer Vokal

Vokal mit Punkt darunter = kurzer Vokal

Fordern Sie nun Ihre TN auf, das Wort laut zu sprechen und dabei das Gummi auseinander zu ziehen. Die TN werden sehen, dass das Gummi nun lang ist und verknüpfen dieses Bild somit mit der Vokallänge. Weisen Sie darauf hin, dass das Gummi der Länge des Vokals entspricht. Das Gleiche machen Sie im Anschluss mit einem Wort, das einen kurzen Vokal trägt, z.B. *treffen*. Das Gummi wird nun nicht gespannt und bleibt deshalb kurz, so wie auch der Vokal.

Es ist wichtig, zu verdeutlichen, dass kein Zusammenhang zwischen der Vokallänge und dem Wortakzent besteht. Sowohl kurze als auch lange Vokale können den Wortakzent tragen, z. B. *wegfahren*: kurzer Vokal, aber innerhalb der betonten Silbe.

A1.2, 1d und e

Hier bietet sich an, dass Sie selbst zunächst die Wörter vorlesen und die TN ankreuzen lassen. Vergleichen Sie dann im PL die Lösungen und lassen Sie dann erst Ihre TN selbst sprechen. Gern können Sie auch hier wieder das Gummi verwenden oder eine passende Geste einsetzen, z. B. klopfen = kurzer Vokal, die Handflächen wie beim Beten aneinanderhalten und wie, als wäre ein Kaugummi dazwischen langsam auseinanderziehen = langer Vokal. Diese Visualisierungen prägen sich bei den TN gut ein und können im weiteren Kursverlauf immer wieder als Hinweis auf die Vokallänge eingesetzt werden.

A1.2, 2 ö und ü

Die Laute *ö* und *ü* stellen eine Besonderheit der deutschen Sprache dar. Sie werden gebildet, indem die Lippen gerundet werden und gleichzeitig der vordere Teil der Zunge gehoben wird. Aus diesem Grund fällt den meisten TN dieser Bewegungsablauf schwer und muss häufig geübt werden. Dabei hilft es, dem TN zunächst bewusst zu machen, dass ein Zusammenhang zwischen dem E- und dem Ö-Laut sowie dem I- und dem Ü-Laut besteht.

Sie sollten Ihre TN zunächst darauf hinweisen, dass der Unterschied zwischen dem E-Laut und dem Ö-Laut **nur in der Lippenstülpung** besteht, die Zunge und der Kiefer verbleiben in der gleichen Position. Das gleiche Prinzip gilt ebenfalls für den I-Laut und den Ü-Laut. Die TN verstehen diese Besonderheit besser, wenn sie ihnen beide Laute deutlich vorsprechen. Damit die nach vorn gerichtete Lippenstülpung von *e* zu *ö* bzw. von *i* zu *ü* sichtbar wird, bietet es sich an, wenn Sie sich im Profil vor Ihre TN stellen.

Sprechen Sie zunächst ein lang gezogenes *e* und gehen Sie dann langsam zu einem lang gezogenen *ö* über. Sagen Sie das Wort: *neeeeeee* und runden Sie dabei langsam die Lippen (ohne die Zungenstellung zu verändern!), es entsteht ein *nööööööö*!

Weitere Übungswörter könnten sein:
Sehne – Söhne, Lehne – Löhne, kennen – können.

Das Gleiche können Sie für den I-Laut und den Ü-Laut machen: Sagen Sie: *niiiiiiiiiii* und spitzen Sie dabei langsam die Lippen (ohne die Zungenstellung zu verändern!), es entsteht ein *nüüüüüüü*!

Weitere Übungswörter könnten sein:
Kissen – küssen, missen – müssen, sie – süß

Weisen Sie die TN darauf hin, dass es auch für den Ö- und den Ü-Laut jeweils zwei Varianten gibt:

lang:	kurz:
Ö: Söhne, Brötchen, schön	Ö: können, zwölf, Köln
Ü: Brüder, Bücher, müde	Ü: müssen, fünf, Brüssel

Hier können Sie zur besseren Darstellung und Bewusstmachung wieder auf die Gesten zurückgreifen, die Sie bereits in Aufgabe 1 eingeführt haben.

A1.2, 2a

Lassen Sie Ihre TN zunächst die Wörter hören und sich auf den Unterschied zwischen den Wortpaaren konzentrieren. Im zweiten Hördurchgang kreuzen die TN das Wort an, was sie glauben gehört zu haben. Vergleichen Sie anschließend die Lösungen im PL. Da die TN noch nicht wissen, wie die Laute *ö* und *ü* gebildet werden, sollten Sie hier beim Vergleichen mit den Bezeichnungen *Wort 1* oder *Wort 2* arbeiten, statt die TN die Wörter bereits nennen zu lassen. Üben Sie im Anschluss daran die Bildung der Laute *ü* und *ö* mit Hilfe des Hinweiskastens.

A1.2, 3 Silbe und Wortakzent

Jede Sprache wird durch ihren Rhythmus gegliedert. Der Rhythmus einer Sprache ergibt sich u.a. aus dem Wechselspiel zwischen betonten und unbetonten Silben. Deutsch gehört zu den **akzentzählenden Sprachen** und es ergibt sich ein Wechsel aus **betonten** und **unbetonten Silben**, wobei die Silbenlänge und die Anzahl der Silben pro Wort sehr unterschiedlich sein kann (vgl. *Deutsch-leh-rer* = 3 Silben, *Tier* = 1 Silbe).

Hier besteht ein großer Unterschied zu anderen Sprachen, die z. B. einen **silbenzählenden** Rhythmus aufweisen wie im Spanischen, Französischen oder Italienischen. Dies ist der Grund dafür, dass sich das Deutsche für viele TN zunächst sehr unrhythmisch und stakkatoartig anhört und wir z. B. das Italienische als sehr melodisch wahrnehmen.

Warum ist es also so wichtig, den Wortakzent zu kennen? Der Grund dafür ist, dass der Wortakzent im Deutschen **bedeutungsunterscheidend** ist. Hier ein Beispiel: Bei dem Wort *wieder'holen* ist der Wortakzent in der Mitte des Wortes, bei dem Wort *'wiederholen* ist er am Anfang. Beide Wörter scheinen formal gleich, die Betonung macht jedoch deutlich, dass es sich um zwei verschiedene Bedeutungen handelt. Ein anderes Beispiel wäre das Verb *umfah-ren*, das, je nach Betonung eine andere Bedeutungen haben kann: ´*umfahren* und *um´fahren*.

Die Schwierigkeit für den TN besteht folglich darin, dass er den Wortakzent mit jedem Wort mitlernen muss.

Weisen Sie Ihre Teilnehmer daher unbedingt darauf hin, dass sie bei jedem neuen Wort, das sie lernen, ebenfalls die Betonung mitlernen müssen. Ihre TN lernen also beispielsweise die Vokabel *Sonne* und sie müssen ebenfalls lernen, dass der Akzent auf dem ersten Teil des Wortes (auf der ersten Silbe) liegt: **Son**- ne.

Im Deutschen wird der Akzent als **Druckakzent** realisiert (auch im Englischen und in romanischen Sprachen), was eine Kombination aus den Parametern Tonhöhe, Dauer, Lautstärke und Sprechspannung ist. Die akzentuierte Silbe wird folglich **höher**, **länger**, **lauter** und **deutlicher** als die unbetonte Silbe(n) gesprochen.

Hier sind einige Regeln zum Wortakzent, an denen Sie sich orientieren können und die sie auch Ihren Teilnehmern weitergeben können:

→ Bei einsilbigen Wörtern ist die Akzentsilbe die einzige, z. B. **Brot**, **Ei**,

→ Bei zweisilbigen Wörtern ist die Akzentsilbe die erste oder die zweite, z. B. **Ki**-wi, Sa-**lat**

→ Bei dreisilbigen Wörtern ist die Akzentsilbe die erste, die zweite <u>oder</u> dritte Silbe, z. B. **Erd**-bee-re, To-**ma**-te, Bä-cke-**rei**

→ Bei zusammengesetzten Wörtern trägt das Bestimmungswort (also der erste Teil des Wortes) die Akzentsilbe, z. B. **Rind**-fleisch, **Deutsch**-kurs.

Zum Üben der Akzentsilbe ist häufig eine übertriebene Darstellung notwendig. Scheuen Sie sich also nicht davor, Wortakzentmuster durch Klatschen, Trommeln, Fußstampfen oder Summen bewusst zu machen. Die Verknüpfung von Lauten und einer konkreten Bewegung und Emotionen hilft Ihren TN, dieses für sie abstrakte Thema „mit Leben zu füllen" und erlebbarer zu machen.

TIPPS ZUM TEST START DEUTSCH 1/telc DEUTSCH A1 (für Zuwanderer)

Die Prüfung *Start Deutsch 1/telc Deutsch A1 (für Zuwanderer)* ist der erste Meilenstein auf dem Weg zum *Deutsch-Test für Zuwanderer.* Wir möchten, dass die TN gut vorbereitet in die Prüfung gehen und sich sicher fühlen. Der Übungstest unterstützt sie dabei, indem er das Prüfungsformat transparent macht und gezielt auf die Aufgaben vorbereitet. Einen Überblick über das Testformat liefert die folgende Tabelle:

Testformat

telc Deutsch A1 (Start Deutsch 1)

	Subtest	Zeit	Punkte
Schriftliche Prüfung	Formalitäten	ca. 10 Minuten	
	1 Hören	ca. 20 Minuten	15
	2 und 3 Lesen und Schreiben	ca. 45 Minuten	15 15
	Übertragen der Lösungen auf den Antwortbogen S30 durch die Teilnehmenden	ca. 10 Minuten	
	Gesamt	**ca. 85 Minuten**	

	4 Sprechen			
Mündliche Prüfung	Teil 1	Sich vorstelllen, buchstabieren, Zahlen nennen	ca. 3 Minuten	
	Teil 2	Um Informationen bitten und Informationen geben	ca. 4 Minuten	15
	Teil 3	Bitten formulieren und darauf reagieren	ca. 4 Minuten	
	Beschlussfassung der Prüfenden		ca. 4 Minuten	
	Gesamt		**ca. 15 Minuten**	**60**

Ergebnispunkte	Prädikat
54–60	sehr gut
48–53,5	gut
42–47,5	befriedigend
36–41,5	ausreichend
0–35,5	teilgenommen

Um den TN einen realistischen Eindruck von der Prüfung zu vermitteln, führen Sie den im Band A1.2 enthaltenen Übungstest am besten einmal unter Prüfungsbedingungen durch. Dazu haben wir hier einige Informationen zur Prüfung und wichtige Durchführungshinweise für Sie zusammengestellt.

1. Halten Sie sich an die zeitlichen Vorgaben.

Die Prüfung besteht aus einem schriftlichen und einem mündlichen Teil. Die **Schriftliche Prüfung** dauert **85 Minuten**, die sich wie folgt zusammensetzen: Die ersten 10 Minuten sind für Formalitäten wie das Vorbereiten des Antwortbogens vorgesehen. Für die Bearbeitung des Teils Hören haben die TN ca. 20 Minuten Zeit, für Lesen und Schreiben sind 45 Minuten vorgesehen. Im Anschluss sind 10 Minuten für das Übertragen der Antworten auf den Antwortbogen eingeplant. Die **Mündliche Prüfung** dauert **15 Minuten**.

2. Erklären Sie, wie die Lösungen auf dem Antwortbogen markiert werden.

Für viele TN ist es ungewohnt, ihre Lösungen auf einem separaten Antwortbogen zu markieren. Erläutern Sie, wie der Antwortbogen aufgebaut ist und wie die Lösungen markiert werden. Bitten Sie die TN, dafür einen Bleistift zu benutzen und nicht außerhalb der vorgesehenen Felder zu schreiben. Weisen Sie die TN darauf hin, am Prüfungstag einen Radiergummi mitzubringen. Wir empfehlen, den Antwortbogen auf S. 122 im Kursbuch für alle TN zu kopieren. So können die TN den Antwortbogen neben die Aufgaben legen, um die Antworten zu übertragen. Sie als Kursleitende können den Antwortbogen am Ende zur Korrektur einfach einsammeln.

3. Halten Sie sich an die Reihenfolge der Prüfungsteile.

Die Schriftliche Prüfung beginnt mit dem Testteil **Hören**. Dieser besteht aus drei Teilen. Alle Anweisungen befinden sich in dem im Kursbuch abgedruckten Übungstest und auf der Tonaufnahme. Halten Sie die Tonaufnahme während des Tests nicht an. Alle notwendigen Pausen sind mitgeschnitten.

Der Testteil **Lesen** folgt unmittelbar nach Hören. Dieser Testteil besteht aus drei Teilen. Alle Anweisungen befinden sich auf den Aufgabenblättern. Für diesen Testteil sind 30 Minuten vorgesehen.

Der letzte Teil der schriftlichen Prüfung ist **Schreiben**. Der Testteil Schreiben besteht aus zwei Teilen. In Teil A sollen die TN ein Formular ausfüllen, in Teil B eine kurze Nachricht verfassen. Weisen Sie die TN darauf hin, dass – wie in den bisherigen Testteilen – die Lösungen zu Schreiben (Teil A) unbedingt auf den Antwortbogen übertragen werden müssen und der Text (Teil B) ebenfalls auf den Antwortbogen geschrieben wird.

In der Regel findet die **Mündliche Prüfung** direkt im Anschluss an die schriftliche statt. Im Unterricht können Sie die mündliche Prüfung aber auch an einem anderen Tag üben, wenn die Zeit knapp ist.

4. Nehmen Sie in der Mündlichen Prüfung die Rolle der Prüferin oder des Prüfers ein.

Die Mündliche Prüfung besteht aus **drei Teilen**. Bereiten Sie bitte vorab die **Handlungskarten** für die Prüfungsteile 2 und 3 vor. Es stehen je zwölf Handlungskarten zur Verfügung.

Bilden Sie **Vierergruppen**. In der Prüfung werden vier TN gleichzeitig geprüft (bei einer ungeraden Anzahl sind auch Dreiergruppen möglich).

Beginnen Sie mit der ersten Gruppe. Begrüßen Sie die TN und erklären Sie in wenigen Worten die Prüfung: *(Hallo), guten Tag. Mein Name ist ... Ich begrüße Sie zum Test telc Deutsch A1 und wünsche Ihnen viel Glück. Diese Prüfung hat drei Teile. Wir beginnen mit Teil A.*

Teil 1: Sich vorstellen, buchstabieren, Zahlen nennen

Das Aufgabenblatt für Teil 1 liegt so auf dem Tisch, dass alle TN die Stichworte gut lesen können. Geben Sie ein Beispiel vor und bitten Sie eine/n TN zu beginnen: *Am Anfang wollen wir uns ein bisschen besser kennen lernen und uns kurz vorstellen. Bitte sagen Sie uns etwas über sich. Ich gebe Ihnen ein Beispiel: Mein Name ist ... Ich bin ... Jahre alt. Ich komme aus ... Ich lebe in ... Ich spreche Deutsch, ... und ein bisschen ... Von Beruf bin ich ... Möchten Sie bitte anfangen?*

Nach der Kurzvorstellung der/des TN bitten Sie sie/ihn, etwas zu buchstabieren (z. B. Name, Wohnort, Straße etc.). Danach fragen Sie nach einer Nummer (z. B. Telefon-, Handy-, Hausnummer oder Autokennzeichen): *Können Sie bitte Ihren Familiennamen buchstabieren? Danke. Und wie ist Ihre Telefonnummer?*

Im Anschluss wird mit den anderen TN ebenso verfahren. Schließen Sie dann Teil A ab und leiten Sie zu Teil B über: *Danke schön. Das war Teil 1.*

Teil 2: Um Informationen bitten und Informationen geben

Leiten Sie Teil 2 ein, indem Sie die Aufgabe erklären und das Thema nennen: *Wir kommen nun zum zweiten Teil. Sie sollen um Informationen bitten und Informationen geben. Es geht um Informationen zu einem bestimmten Thema. Unser erstes Thema ist „Tagesablauf".*

Erste Runde: Legen Sie sechs Handlungskarten zum ersten Thema verdeckt auf den Tisch. Die TN nehmen jeweils eine Karte, ohne sie umzudrehen. Nehmen Sie selbst eine der verbleibenden Karten und geben Sie ein Beispiel: *Ich gebe Ihnen ein Beispiel: Ich habe die Karte „aufstehen". Ich kann also fragen: „Wann stehen Sie auf?". Die Antwort ist zum Beispiel: „Um halb sieben".*

Bitten Sie eine/n TN anzufangen: *Würden Sie bitte anfangen?* Die/Der TN stellt anhand der ausgewählten Karte eine Frage. Die/Der folgende TN antwortet auf die Frage. Folglich stellt jede/r TN eine Frage und gibt eine Antwort.

Zweite Runde: Nachdem die Runde mit dem ersten Thema abgeschlossen ist, stellen Sie das zweite Thema vor: *Das zweite Thema ist „Wohnen".* Ein Beispiel wird nicht mehr gegeben. Alle sechs Karten werden verdeckt auf den Tisch gelegt. Die Aufgabe wird wie beim ersten Thema fortgeführt.

Hinweis: Wenn eine/r der TN mithilfe der Karte keine Frage stellen kann, formulieren Sie die Frage. Liegt die Frage einer/eines TN außerhalb des vorgegebenen Themenbereichs, unterbrechen Sie kurz und erinnern Sie an das Thema.

Nachdem alle TN zwei Fragen gestellt und zwei Antworten gegeben haben, beenden Sie Teil 2 und leiten Sie zu Teil 3 über: *Danke schön. Das war Teil 2. Wir kommen nun zu Teil 3.*

Teil 3: Bitten formulieren und darauf reagieren

Erklären Sie die Aufgabe: *Sie sollen um etwas bitten. Ihre Partnerin (bzw. Ihr Partner) antwortet.*

Legen Sie alle zwölf Handlungskarten verdeckt auf den Tisch. Bitten Sie die TN, je zwei Karten zu nehmen. Anschließend nehmen Sie selbst eine der übrigen Karten und geben Sie ein Beispiel: *Ich habe diese Karte hier. In diesem Fall kann ich sagen: „Könnte ich Bananen haben?" Sie sollen eine Antwort geben, wie zum Beispiel: „Natürlich, hier bitte."*

Jede/r TN formuliert mithilfe der Handlungskarten eine Bitte und richtet diese an die nächste Person in der Gruppe. Die/Der Angesprochene antwortet und formuliert selbst eine Bitte. Sobald alle TN an der Reihe waren, folgt eine zweite Runde.

Beenden Sie, nachdem die zweite Runde abgeschlossen ist, die Prüfung: *Das war Teil 3. Damit ist die Prüfung zu Ende. Vielen Dank.*

5. Erklären Sie, wie die Prüfungsleistungen bewertet werden.

Einige TN möchten verstehen, wie ihre Leistungen bewertet werden. Erklären Sie, dass in der Mündlichen Prüfung und auch im Prüfungsteil Schreiben keine Perfektion erwartet wird. Die TN dürfen Fehler machen und können trotzdem die volle Punktzahl erreichen.

In der **Mündlichen Prüfung** bewerten die Prüfenden nach folgenden Kriterien:

	Punkte	
Erfüllung der Aufgabenstellung und sprachliche Realisierung	**volle Punktzahl**	Aufgabe voll erfüllt und verständlich
	halbe Punktzahl	Aufgabe wegen sprachlicher und inhaltlicher Mängel nur teilweise erfüllt
	0 Punkte	Aufgabe nicht erfüllt und/oder unverständlich

Die Punkte werden für alle 4 TN auf den folgenden Bewertungsbogen eingetragen. Dieser gibt auch einen guten Überblick über den Ablauf der mündlichen Prüfung:

telc Deutsch A1

telc LANGUAGE TESTS

Bewertungsbogen
Mündliche Prüfung

Teilnehmende/r A	Teilnehmende/r B	Teilnehmende/r C	Teilnehmende/r D
Name	Name	Name	Name
Vorname	Vorname	Vorname	Vorname

Teil 1   max. 3 Punkte | **Teil 1   max. 3 Punkte** | **Teil 1   max. 3 Punkte** | **Teil 1   max. 3 Punkte**

Vorstellen [1] [0,5] [0]	Vorstellen [1] [0,5] [0]	Vorstellen [1] [0,5] [0]	Vorstellen [1] [0,5] [0]
Buchstabieren [1] [0,5] [0]	Buchstabieren [1] [0,5] [0]	Buchstabieren [1] [0,5] [0]	Buchstabieren [1] [0,5] [0]
Zahlen [1] [0,5] [0]	Zahlen [1] [0,5] [0]	Zahlen [1] [0,5] [0]	Zahlen [1] [0,5] [0]

Teil 2   max. 6 Punkte | **Teil 2   max. 6 Punkte** | **Teil 2   max. 6 Punkte** | **Teil 2   max. 6 Punkte**

Frage 1 [2] [1] [0]	Antwort 1 [1] [0,5] [0]	Frage 3 [2] [1] [0]	Antwort 3 [1] [0,5] [0]
Antwort 4 [1] [0,5] [0]	Frage 2 [2] [1] [0]	Antwort 2 [1] [0,5] [0]	Frage 4 [2] [1] [0]
Frage 5 [2] [1] [0]	Antwort 5 [1] [0,5] [0]	Frage 7 [2] [1] [0]	Antwort 7 [1] [0,5] [0]
Antwort 8 [1] [0,5] [0]	Frage 6 [2] [1] [0]	Antwort 6 [1] [0,5] [0]	Frage 8 [2] [1] [0]

Teil 3   max. 6 Punkte | **Teil 3   max. 6 Punkte** | **Teil 3   max. 6 Punkte** | **Teil 3   max. 6 Punkte**

Bitte 1 [2] [1] [0]	Reaktion 1 [1] [0,5] [0]	Bitte 3 [2] [1] [0]	Reaktion 3 [1] [0,5] [0]
Reaktion 4 [1] [0,5] [0]	Bitte 2 [2] [1] [0]	Reaktion 2 [1] [0,5] [0]	Bitte 4 [2] [1] [0]
Bitte 5 [2] [1] [0]	Reaktion 5 [1] [0,5] [0]	Bitte 7 [2] [1] [0]	Reaktion 7 [1] [0,5] [0]
Reaktion 8 [1] [0,5] [0]	Bitte 6 [2] [1] [0]	Reaktion 6 [1] [0,5] [0]	Bitte 8 [2] [1] [0]

| **Punkte   /15** | **Punkte   /15** | **Punkte   /15** | **Punkte   /15** |

Ort, Datum

Prüfende/r 1

Prüfende/r 2

M10-telc Deutsch A1

Der Prüfungsteil **Schreiben** wird wie folgt bewertet:

Schreiben, Teil 1:

Rechtschreibfehler sind für die Erfüllung der Aufgabe nicht relevant, sofern sie die Kommunikation nicht be-einträchtigen. Bei der Lösung „Rot" werden Antworten wie „rott" akzeptiert. Bei Eigennamen und Zahlen sind Abschreibfehler jedoch relevant.

Schreiben, Teil 2:

Bei der Schreibaufgabe 2 können insgesamt 10 Punkte vergeben werden. Jeder der drei Inhaltspunkte kann bis zu 3 Punkte für die Erfüllung der Aufgabenstellung erhalten. Für den gesamten Text kann bis zu 1 Punkt für die kommunikative Gestaltung vergeben werden. Dabei gelten folgende Bewertungskriterien:

		Punkte	
1	**Erfüllung der**	**3**	Aufgabe voll erfüllt und verständlich
2	**Aufgabenstellung (pro Inhaltspunkt)**	**1,5**	Aufgabe wegen sprachlicher und inhaltlicher Mängel nur teilweise erfüllt
3		**0**	Aufgabe nicht erfüllt und/oder unverständlich

		Punkte	
	Kommunikative	**1**	der Textsorte angemessen
KG	**Gestaltung des Texts**	**0,5**	untypische oder fehlende Wendungen, z.B. keine Anrede
		0	keine textsortenspezifischen Wendungen

Um die Prüfungsteile Hören und Lesen zu bewerten, vergleichen Sie die Antworten mit dem Lösungs-schlüssel, den Sie auf S. 65 in diesem Lehrerhandbuch finden. Die Punkteverteilung ist wie folgt:

Hören:	15 Punkte
Lesen:	15 Punkte
Schreiben:	15 Punkte
Sprechen:	15 Punkte

Die Prüfung gilt als bestanden, wenn mindestens 36 der maximal erreichbaren 60 Punkte erreicht werden.

Ergebnispunkte Prädikat

54–60	sehr gut
48–53,5	gut
42–47,5	befriedigend
36–41,5	ausreichend
0–35,5	teilgenommen

Aufgaben im Prüfungsformat

Sowohl im Kurs- als auch im Arbeitsbuch gibt es Aufgaben, die dem Prüfungsformat der beiden A1-Prüfungen *Start Deutsch 1/telc Deutsch A1* und *telc Deutsch A1 (für Zuwanderer)* entsprechen. Das kontinuierliche Trainieren der Prüfungsaufgaben erleichtert den TN den Umgang mit der Prüfung, da ihnen die einzelnen Aufgaben schon bekannt sind. *Start Deutsch 1/telc Deutsch A1* (SD1) ist unter anderem als Nachweis über „einfache Deutschkenntnisse" im Rahmen des Ehegattennachzugs anerkannt. *telc Deutsch A1 (für Zuwanderer)* (DA1 für Zuwanderer) wurde speziell an die Bedürfnisse der Zuwanderer angepasst. In der folgenden Tabelle finden Sie eine Übersicht, welche Übung welcher Prüfung zugeordnet werden kann:

Seite	Lektion	Übung	Fertigkeit	Aufgabe im Prüfungsformat
A1.1, S. 18	2 KB	5c (1–6)	Hören	DA1 für Zuwanderer: Hören, Teil B
A1.1, S. 49	6 KB	3b	Schreiben	SD1: Schreiben, Teil 1; DA1 für Zuwanderer: Schreiben, Teil A
A1.1, S. 71	2 AB	5 (1–6)	Hören	DA1 für Zuwanderer: Hören, Teil B
A1.1, S. 81	3 AB	9 (1–3)	Hören	SD1: Hören, Teil 1
A1.1, S. 89	4 AB	9c (1–3)	Hören	SD1: Hören, Teil 3
A1.1, S. 96	5 AB	7 (1–2)	Hören	SD1: Hören, Teil 1
A1.1, S. 97	5 AB	9, 1–2	Lesen	SD1: Lesen, Teil 3
A1.1, S. 101	6 AB	3a	Schreiben	SD1: Schreiben, Teil 1; DA1 für Zuwanderer: Schreiben, Teil A
A1.1, S. 110	Zwischentest 1–3	1–3	Hören	SD1: Hören, Teil 1
A1.1, S. 110	Zwischentest 1–3	4–9	Lesen	SD1: Lesen, Teil 1; DA1 für Zuwanderer: Lesen, Teil B
A1.1, S. 111	Zwischentest 1–3	1–7	Schreiben	SD1: Schreiben, Teil 1; DA1 für Zuwanderer: Schreiben, Teil A
A1.1, S. 111	Zwischentest 1–3	Sprechen	Sprechen	SD1: Sprechen, Teil 1; DA1 für Zuwanderer: Sprechen, Teil A
A1.1, S. 112	Zwischentest 4–6	1–2	Hören	SD1: Hören, Teil 1
A1.1, S. 112	Zwischentest 4–6	3	Lesen	SD1: Lesen, Teil 2; DA1 für Zuwanderer: Lesen, Teil C
A1.1, S. 112	Zwischentest 4–6	4–5	Lesen	SD1: Lesen, Teil 1; DA1 für Zuwanderer: Lesen, Teil B
A1.1, S. 113	Zwischentest 4–6	Schreiben	Schreiben	SD1: Schreiben, Teil 2; DA1 für Zuwanderer: Schreiben, Teil B
A1.1, S. 113	Zwischentest 4–6	Sprechen	Sprechen	SD1: Sprechen, Teil 2; DA1 für Zuwanderer: Sprechen, Teil B

A1.2, S. 9	7 KB	3b (1–6)	Hören	SD1: Hören, Teil 2; DA1 für Zuwanderer: Hören, Teil A
A1.2, S. 33	10 KB	3a (1–3)	Hören	SD1: Hören, Teil 1
A1.2, S. 37	10 KB	11a (1–4)	Hören	SD1: Hören, Teil 1
A1.2, S. 52	12 KB	10c (1–6)	Sprachbausteine	DA1 für Zuwanderer: Sprachbausteine
A1.2, S. 70	8 AB	3 (1–5)	Lesen	SD1: Lesen, Teil 1; DA1 für Zuwanderer: Lesen, Teil B
A1.2, S. 74	8 AB	9 (1–4)	Lesen	SD1: Lesen, Teil 2; DA1 für Zuwanderer: Lesen, Teil C
A1.2, S. 82	9 AB	12 (1–3)	Hören	SD1: Hören, Teil 3
A1.2, S. 83	9 AB	14b	Schreiben	SD1: Schreiben, Teil 2; DA1 für Zuwanderer: Schreiben, Teil B
A1.2, S. 90	10 AB	13c	Lesen	SD1: Lesen, Teil 1; DA1 für Zuwanderer: Lesen, Teil B
A1.2, S. 91	10 AB	17 (1–3)	Hören	SD1: Hören, Teil 1
A1.2, S. 96	11 AB	8 (1–5)	Hören	SD1: Hören, Teil 2; DA1 für Zuwanderer: Hören, Teil A
A1.2, S. 99	11 AB	13 (1–4)	Lesen	SD1: Lesen, Teil 1; DA1 für Zuwanderer: Lesen, Teil B
A1.2, S. 101	12 AB	2b	Hören	SD1: Hören, Teil 2; DA1 für Zuwanderer: Hören, Teil A
A1.2, S. 105	12 AB	12a	Schreiben	SD1: Schreiben, Teil 2; DA1 für Zuwanderer: Schreiben, Teil B
A1.2, S. 106	12 AB	13	Schreiben	SD1: Schreiben, Teil 2; DA1 für Zuwanderer: Schreiben, Teil B
A1.2, S. 106	12 AB	14	Schreiben	SD1: Schreiben, Teil 1; DA1 für Zuwanderer: Schreiben, Teil A
A1.2, S. 107	12 AB	15b (1–6)	Lesen	SD1: Lesen, Teil 1; DA1 für Zuwanderer: Lesen, Teil B
A1.2, S. 110	Zwischentest 7–9	Hören 1–2	Hören	SD1: Hören, Teil 2; DA1 für Zuwanderer: Hören, Teil A
A1.2, S. 110	Zwischentest 7–9	Lesen, Teil 1 (3–6)	Lesen	SD1: Lesen, Teil 1; DA1 für Zuwanderer: Lesen, Teil B

A1.2, S. 110	Zwischentest 7–9	Lesen, Teil 2 (7)	Lesen	SD1: Lesen, Teil 2; DA1 für Zuwanderer: Lesen, Teil C
A1.2, S. 111	Zwischentest 7–9	Schreiben	Schreiben	SD1: Schreiben, Teil 2; DA1 für Zuwanderer: Schreiben, Teil B
A1.2, S. 112	Zwischentest 10–12	Hören, Teil 1 (1)	Hören	SD1: Hören, Teil 2; DA1 für Zuwanderer: Hören, Teil A
A1.2, S. 112	Zwischentest 10–12	Hören, Teil 2 (2)	Hören	SD1: Hören, Teil 1
A1.2, S. 112	Zwischentest 10–12	Lesen, Teil 1 (3–5)	Lesen	SD1: Lesen, Teil 1; DA1 für Zuwanderer: Lesen, Teil B
A1.2, S. 113	Zwischentest 10–12	Lesen, Teil 2 (6)	Lesen	SD1: Lesen, Teil 2; DA1 für Zuwanderer: Lesen, Teil C
A1.2, S. 113	Zwischentest 10–12	Lesen, Teil 3 (7)	Lesen	SD1: Lesen, Teil 3
A1.2, S. 113	Zwischentest 10–12	Schreiben	Schreiben	SD1: Schreiben, Teil 2; DA1 für Zuwanderer: Schreiben, Teil B
A1.2, S. 114	Übungstest SD1	Hören, Teil 1 (1–6)	Hören	SD1: Hören, Teil 1
A1.2, S. 115	Übungstest SD1	Hören, Teil 2 (7–10)	Hören	SD1: Hören, Teil 2; DA1 für Zuwanderer: Hören, Teil A
A1.2, S. 115	Übungstest SD1	Hören, Teil 3 (11–15)	Hören	SD1: Hören, Teil 3
A1.2, S. 116	Übungstest SD1	Lesen, Teil 1 (1–5)	Lesen	SD1: Lesen, Teil 1; DA1 für Zuwanderer: Lesen, Teil B
A1.2, S. 117–118	Übungstest SD1	Lesen, Teil 2 (6–10)	Lesen	SD1: Lesen, Teil 2; DA1 für Zuwanderer: Lesen, Teil C
A1.2, S. 118	Übungstest SD1	Lesen, Teil 3 (11–5)	Lesen	SD1: Lesen, Teil 3
A1.2, S. 119	Übungstest SD1	Schreiben, Teil 1	Schreiben	SD1: Schreiben, Teil 1; DA1 für Zuwanderer: Schreiben, Teil A
A1.2, S. 119	Übungstest SD1	Schreiben, Teil 2	Schreiben	SD1: Schreiben, Teil 2; DA1 für Zuwanderer: Schreiben, Teil B
A1.2, S. 120	Übungstest SD1	Sprechen, Teil 1	Sprechen	SD1: Sprechen, Teil 1; DA1 für Zuwanderer: Sprechen, Teil A
A1.2, S. 120	Übungstest SD1	Sprechen, Teil 2	Sprechen	SD1: Sprechen, Teil 2: DA1 für Zuwanderer: Sprechen, Teil B
A1.2, S. 121	Übungstest SD1	Sprechen, Teil 3	Sprechen	SD1: Sprechen, Teil 3: DA1 für Zuwanderer: Sprechen, Teil C

Lösungen zum Kursbuchteil A1

Lektion 1

1b 1 Tag, 2 heiße, 3 Name, 4 Entschuldigung

2a 1 Woher kommen Sie? Und Sie? Aus Polen.
2 aus dem Iran. Aus dem Irak? Nein, aus dem Iran.

3 Bild 1: Guten Morgen. Morgen. Hallo.
Bild 2: Guten Tag. Tag. Hallo. Bild 3: Guten Abend. Hallo.

5a 1 Es geht so. 2 Sehr gut, danke. 3 Nicht so gut. 4 Gut, danke.

6 1 heißen, 2 geht, 3 sind, 4 kommen, 5 heißt, 6 geht, 7 bist, 8 kommst

8b 1 sprichst, 2 kommst, 3 bist

8c 1 Sprichst du Spanisch? 2 Sprichst du Arabisch? 3 Kommst du aus Eritrea? 4 Kommst du aus Syrien? 5 Bist du Joana Okoye? 6 Bist du Daniel Meyer?

9b Das ist Eric Jones. Er kommt aus Kanada. Er spricht Englisch und Französisch.

Lektion 2

1a 1 Sohn, 2 Tochter, 3 Vater, 4 Bruder, 5 Mann, 6 Schwägerin, 7 Schwiegervater, 8 Frau, 9 Schwester

1b 1 mein, 2 meine, 3 meine

1c 1 ist, 2 sind, 3 ist

2a 1 eins, 2 zwei, 3 drei, 4 vier, 5 fünf, 6 sechs, 7 sieben, 8 acht, 9 neun, 10 zehn

2b 1b, 2a, 3c

3a 1 haben, 2 hat, 3 Hast, 4 hat

3b 1 verheiratet, 2 zwei Kinder, 3 Deutsch

4a 1c, 2e, 3d, 4b, 5a

5a Bild 2: Lydia Zawadzki

5c 1 Schmitz, 2 Jelinski, 3 Voß, 4 Hübner, 5 Beier, 6 Clement

7a 1 zwei, 2 17, 3 50868, 4 0221 673942

7b 1 falsch, 2 richtig, 3 falsch, 4 falsch, 5 richtig

7c 1 Jankowski, 2 Adam, 3 Polen, 4 Berliner Straße 17 in 50868 Köln, 5 0221 673942, 6 verheiratet, 7 zwei

8c 1 44, 2 70, 3 21, 4 39, 5 86, 6 23, 7 52, 8 67

9a 1 ist sie, 2 sind Sie, 3 sind sie

10a 1 Wie ist Ihr Nachname? 2 Wie ist Ihr Vorname? 3 Haben Sie Kinder? 4 Wie ist Ihre Telefonnummer? 5 Sind Sie verheiratet? 6 Wie ist Ihre Adresse?

11a 1 Straße, 2 Postleitzahl, 3 Hausnummer, 4 Wohnort

Lektion 3

1b z. B. ein Flip-Chart, ein Overhead-Projektor, Kreide, ein Fenster, Papier, Stifte, …

2a 1 kein, 2 ein, 3 Eine, 4 keine, 5 ein

2b 1 keine, 2 ein Fenster, 3 kein, 4 ein Tisch

6c 1 lerne – lernst, 2 lernen, 3 lernt – lernt, 4 lernen – lernt

6d 1 sind, 2 bin – bist, 3 ist – ist, 4 sind – seid

7 schreibe, schreibst, schreibt, schreiben, schreibt, schreiben; höre, hörst, hört, hören, hört, hören; frage, fragst, fragt, fragen, fragt, fragen; antworte, antwortest, antwortet, antworten, antwortet, antworten

7b 1 Ihr lernt Deutsch. 2 Ihr lest und schreibt. 3 Ihr fragt Frau Krüger.

7c 1 Lernt – lernt, 2 macht – liest, 3 sprichst – spreche, 4 Machst – mache, 5 schreibst – schreibe, 6 machen – lernen

8a 1 wohne, 2 sind, 3 heißt, 4 spricht, 5 verstehe, 6 sprechen

9b 1 falsch, 2 falsch, 3 richtig, 4 richtig

10a 1 TN, 2 EK, 3 TN, 4 EK

10b b

11a 1 Ihr seid nicht im Deutschkurs. 2 Wir lesen nicht. 3 Wir lernen nicht zusammen. 4 Das ist nicht richtig. 5 Sie spricht nicht schnell.

11b 1 Das ist keine Tafel. 2 Ich schreibe keine E-Mail. 3 Wir sprechen nicht viel. 4 Karim hat keine Frage. 5 Mein Mann ist nicht im Deutschkurs. 6 Ich spreche nicht gut Deutsch. 7 Wir machen keine Pause. 8 Laura lernt nicht schnell.

12a 1 + das Buch = das Kursbuch, 2 + der Raum = der Kursraum, 3 + die Liste = die Wortliste, 4 + die Karte = die Landkarte

12b 1 das, 2 der, 3 das, 4 das, 5 das, 6 das, 7 der, 8 das, 9 das, 10 die, 11 die

Lektion 4

1a 1 Apfel, 2 Kiwi, 3 Orange, 4 Traube, 5 Blaubeere, 6 Himbeere, 7 Zitrone, 8 Erdbeere, 9 Pfirsich, 10 Mandarine, 11 Banane

1c 1c, 2a, 3d, 4b, 5e

2a 12 Kartoffeln, 4 Kiwis, 7 Zwiebeln, 9 Orangen, 5 Birnen, 2 Möhren, 11 Äpfel, 8 Paprikas, 12 Tomaten, 6 Eier, 3 Bananen, 2 Brote

2b -e: Brote, -en/-n: Bananen, Kartoffeln, Birnen, Tomaten, Orangen, Möhren, -s: Kiwis, Paprikas, - (+Umlaut): Äpfel, -er: Eier

3 Gemüse: Salat, Tomate, Zwiebel, Kartoffel, Möhre, Paprika, Bohnen, Erbsen, Pilze; Getränke: Milch, Saft, Wein, Bier, Tee, Cola, Limonade, Wasser, Kaffee;
Milchprodukte: Milch, Joghurt, Käse, Sahne;
Obst: Birne, Kiwi, Orange, Apfel, Banane, Melone, Trauben, Kirsche, Mango;
Andere: Fisch, Zucker, Nudeln, Mehl, Brot, Brötchen, Honig, Ei, Kuchen, Reis, Fleisch, Salz, Marmelade, Schokolade

4a A4, B5, C1, D2, E3

4b 1 Pfund, 2 Kilo, 3 Becher, 4 Dosen, 5 Gramm, 6 Packungen, 7 Glas, 8 Flasche

4c 1 Honig, 2 Zucker, 3 Salz, 4 Kaffee, 5 Käse

5a 1 1,99€, 2 2,49€, 3 5,99€, 4 0,85€

7a 6, 4, 1, 3, 5, 2, 7

8a Die Kundin kauft eine Melone aus Spanien für 3 €.

8c 1 das - Das, 2 die - die, 3 der – der, 4 die – Die

Lektion 5

1a 1 steht auf. 2 macht Sport. 3 frühstückt. 4 arbeitet. 5 telefoniert. 6 kauft ein. 7 putzt. 8 kocht. 9 spielt ein Computerspiel. 10 sieht fern.

1b 1 Er kocht nachmittags. 2 Nein, er putzt nachmittags. 3 Er telefoniert vormittags. 4 Ja, er spielt abends ein Computerspiel. 5 Er kauft nachmittags ein. 6 Nein, er sieht abends fern.

1c 1 Ich arbeite vormittags im Büro. 2 Ich koche mittags das Essen. 3 Wir frühstücken morgens nicht. 4 Wir sehen abends zusammen fern. 4 Du putzt nachmittags die Wohnung. 5 Er macht morgens Sport.

2 1c, 2b, 3b

3a vormittags: Deutschkurs/Deutsch lernen, nachmittags: Deutsch lernen/Hausaufgaben machen, gern: Fußball spielen

4a 1 Fünf vor halb zwei. – fünf vor halb zwei? 2 Zwanzig nach fünf.

5 11.30 - halb zwölf - elf Uhr dreißig, 19.45 - Viertel vor acht - neunzehn Uhr fünfundvierzig, 23.10 - zehn nach elf - dreiundzwanzig Uhr zehn, 6.05 - fünf nach sechs - sechs Uhr fünf, 12.25 - fünf vor halb eins - zwölf Uhr fünfundzwanzig, 16.40 - zwanzig vor fünf -sechzehn Uhr vierzig

6a 1 Um 7.10 Uhr. 2 Um 9.00 Uhr. 3 Um 13.30 Uhr. 4 Von 9.00 Uhr bis 13.00 Uhr. 5 Von 15.00 Uhr bis 18.00 Uhr. 6 Von 15.00 Uhr bis 18.00 Uhr.

7a Karim: 2, 3, 4, 5, 6, Ana: 1, 4, 5

8a 1 nie, 2 oft, 3 manchmal, 4 immer, 5 oft, 6 manchmal

8b z. B. 1 immer, 2 oft, 3 manchmal, 4 nie

8c z. B. 1 Stehst du immer früh auf? 2 Trinkst du manchmal Tee? 3 Kaufst du oft im Supermarkt ein? 4 Gehst du nie spät ins Bett?

8d 1 auf Deutsch, 2 Bier, 3 schlafen

9a 1 Wie geht's? 2 Kommst du auch? 3 Wann denn? 4 Ich komme gern. 5 Dann bis Samstag.

9b Nein, Laura hat am Samstag keine Zeit. Sie muss am Wochenende arbeiten.

Lektion 6

1a 1 Wohnzimmer, 2 Arbeitszimmer, 3 Balkon, 4 Küche

1b 1 auf dem Sofa liegen, fernsehen, 2 arbeiten, 3 Pflanzen gießen, 4 essen, kochen, Hausaufgaben machen

2b a 222, b 643, c 455, d 1867, e 3917, f 6131, g 1120, h 10.011

3a 1-2 Zimmer-Wohnung, 1 Wohn-und Schlafzimmer, eine Küche, ein Badezimmer, mindestens 25 qm, maximal 280 €, gern mit Balkon, aber unbedingt ruhig und hell

3b 2 1-2 Zimmer, 3 mindestens 25 m2, 5 280 €, 6 gern mit Balkon, aber unbedingt ruhig und hell, 7 miguelgf@gmxnet.de

4a a 900 € + 150 € NK, b 320 € kalt, c 1250 € + 250 € NK, d 2500 € + 270 € NK

4b 1c, 2a, 3b, 4d

5a 1 klein, 2 dunkel, 3 laut, 4 teuer

6a Nomen: Wohnung, Blumenthalstraße, Zimmer, Flur, Bad, Badewanne, Dusche, Wohnung Pronomen: sie, Sie, Sie, er, es

6b 1 Sie ist groß. 2 Er ist breit. 3 Es ist hell. 4 Sie sind gemütlich.

7a 1 ja, 2 nein, 3 ja

7b 1 Ihre – klein und teuer, 2 Ihre – klein, 3 Ihr – dunkel

8a 1 Bett, 2 Schrank, 3 Sofa, 4 Regal, 5 Teppich, 6 Tisch, 7 Sessel, 8 Stuhl, 9 Kaffee, 10 Spül, 11 Wasch, 12 Fernseher, 13 Lampe, 14 Kühlschrank, 15 Herd

8b 1 374, 2 529, 3 898, 4 7361, 5 9157

8c 1 ein Tisch 399 €, 2 eine Kaffeemaschine 39,95 €, 3 ein Kleiderschrank 745 €, 4 ein Sofa 1378 €

8d 1 Die, 2 Der, 3 einen, 4 die, 5 —

9a Rabia: eine Spülmaschine, eine Kaffeemaschine, ein Sofa Miguel: einen Sessel, Regale, einen Tisch, Stühle, eine Waschmaschine

Lektion 7

1a 1 Karim – Auto, 2 Miguel – Bus, 3 Ana – Fahrrad

1b 1 a f, 2 d e, 3 b c

2a 1 die, 2 dem, 3 die, 4 der, 5 das, 6 dem, 7 einen, 8 der

2b Ich nehme den Bus, die U-Bahn, das Auto. Ich fahre mit dem Bus, mit der U-Bahn, mit dem Auto.

2c 1 der – Die, 2 dem – dem, 3 dem – das, 4 die – die, 5 den – den, 6 dem – dem

3a 1 15:30 Uhr, 2 15:37 Uhr, 3 2,80 €

3b 1 falsch, 2 richtig, 3 richtig, 4 falsch, 5 richtig, 6 richtig Der Zug nach Köln fährt von Gleis 5.

4a von links nach rechts: vor, hinter, am, neben, über, unter, in, auf, zwischen

5 3 der Supermarkt, 7 die Bushaltestelle, 1 der Bahnhof, 6 die Post, 11 die Schule, 4 das Krankenhaus, 13 das Restaurant, 14 die Bank, 12 das Hotel, 2 die Polizei, 8 die Kirche, 9 der Park, 5 die Apotheke, 10 der Markt

6a 1 falsch, 2 falsch, 3 richtig, 4 falsch, 5 falsch, 6 richtig, 7 richtig

7 1 Goethestraße, 2 am Park, 3 Stadtbibliothek, 4 Rudolfplatz, 5 dem Supermarkt, 6 Krankenkasse

8 2 Pablo ist im Supermarkt. 3 Hannah und Luisa sind in der Apotheke. 4 Steve ist beim Friseur. 5 Sarah ist in Berlin.

9a Ana: zum Wochenmarkt, mit dem Fahrrad, Karim: zum Arzt, mit dem Bus, Miguel: zum Deutschkurs, mit der Straßenbahn, Rabia: zum Bürgerbüro/zum Rathaus, mit der U-Bahn

10a 1 über, 2 geradeaus, 3 rechts, 4 Hinter, 5 links, 6 geradeaus, 7 rechts, 8 nach

11b Aussagesatz: nehme, gehen, Imperativ: Fahren, Nehmen

Lektion 8

1a 1c, 2g, 3e, 4f, 5a, 6b, 7d

1b 1 backt Brot und Brötchen. 2 serviert das Essen im Restaurant. 3 Ein Lehrer/Eine Lehrerin unterrichtet und korrigiert die Hausaufgaben.

2a Studentin, Hausfrau, Koch, Techniker

2b A Techniker- Text Nr. 2, B Studentin-Text Nr. 4, C Koch-Text Nr. 1, D Hausfrau-Text Nr. 3

2c Text 1 a falsch b richtig, Text 2 a falsch b richtig, Text 3 a falsch b richtig, Text 4 a richtig b falsch

3a z. B. 1 Bäcker/in , Straßenreiniger/in, 2 Kindergärtner/in, Grundschullehrer/in, 3 Sekretär/in, Computerfachfrau/-mann, 4 Ärztin/Arzt, Stewardess/Steward, Krankenschwester/ Krankenpfleger

4a 1 im Büro, 2 nachmittags, 3 morgen, 4 Nudeln

4b nachmittags

5a 1d, 2f, 3a, 4b, 5e, 6c

5b 1 kann, 2 kannst – kann, 3 Können, 4 Können – können, 5 kannst

6a 1 Schüler, 2 Arzt, 3 Bürokauffrau, 4 Hausfrau

6b 1c, 2d, 3a, 4b

7a 1 Was sind Sie von Beruf? 2 Ist die Arbeit interessant? 3 Haben Sie oft Stress? 4 Arbeiten Sie auch am Samstag? 5 Bis wann müssen Sie heute arbeiten?

8a 1 Julia, Anzeige 2, 2 Toni, Anzeige 3, Karim, Anzeige 4, 3, 4 Susanne, Anzeige 1

8b 1 pünktlich, 2 flexibel, 3 kreativ, 4 freundlich

9a 1T, 2S, 3S, 4S, 5T

9b 1c, 2b, 3c

Lektion 9

1 1 der Kopf, 2 das Ohr, 3 der Ellenbogen, 4 die Hand, 5 der Bauch, 6 die Nase, 7 das Bein, 8 der Fuß, 9 die Stirn, 10 der Hals, 11 die Haare, 12 das Auge, 13 die Zähne, 14 die Schulter, 15 die Brust, 16 der Arm, 17 der Mund, 18 die Finger, 19 das Knie, 20 die Zehen

2a 1 Mein Bauch tut weh! Ich habe Bauchschmerzen! 2 Mein Rücken tut weh! Ich habe Rückenschmerzen! 3 Mein Hals tut weh! Ich habe Halsschmerzen! 4 Mein Kopf tut weh! Ich habe Kopfschmerzen!

2b 1 Meine, 2 Mein, 3 Meine, 4 Meine, 5 Mein

2c 1 du, 2 Mein, 3 dein, 4 Sie, 5 Ihre

3 1 Seine, 2 Ihr, 3 Ihr

5 1 das Krankenhaus, 2 Schnupfen, 3 Husten, 4 das Rezept, 5 das Wartezimmer, 6 der Hausarzt, 7 Fieber, 8 die Apotheke, 9 die Gesundheitskarte

6a 1 falsch, 2 falsch, 3 richtig, 4 richtig, 5 richtig, 6 falsch

6b Joana hat Husten und ihr Hals tut weh. Sie hat eine Erkältung. Sie geht danach in die Apotheke. Sie soll eine Woche später wieder zum Arzt kommen.

6c Atmen Sie, Machen Sie, Gehen Sie, kaufen Sie, Nehmen Sie, Trinken Sie, Trinken Sie, Schlafen Sie, Rauchen Sie, Nehmen Sie, Essen Sie, kommen Sie

6d Atmet, Macht, Geht, kauft, Nehmt, Trinkt, Trinkt, Schlaft, Raucht, Nehmt, Esst, kommt

6e Erkältung – Trink heiße Zitrone!, Rückenschmerzen – Mach viel Sport!, Grippe – Nimm Tabletten!, Fieber – Bleib im Bett!

7a 1 das Pflaster, 2 die Tabletten, 3 der Verband, 4 die Salbe, 5 der Hustensaft, 6 die Tropfen

7b zweimal, abends, einmal, dreimal, dreimal, vor

8a 1 soll, 2 soll, 3 soll, 4 soll, 5 soll, 6 darf, 7 soll, 8 darf, 9 soll

9 1c, 2d, 3f, 4b, 5a, 6e

10a 4, 7, 2, 9, 5, 1, 8, 6, 3

10b 1a, 2b, 3c, 4b

11 6, 3, 8, 5, 2, 7, 4, 1

12a 1 Absender, 2 Ort, 3 Datum, 4 Empfänger, 5 Betreff, 6 Anrede, 7 Gruß, 8 Unterschrift

Lektion 10

1a Die Krügers fahren nach Norderney.

1b Ella: gestern: Fahrräder repariert, heute Morgen: bis zehn geschlafen, gemütlich gefrühstückt Martin: gestern: Wohnung geputzt, Kuchen gebacken, heute Morgen: bis zehn geschlafen, Kaffee gekocht, gemütlich gefrühstückt, jetzt: k.A.

1c 1 ge + t/et: gearbeitet (arbeiten), gehabt (haben), gekocht (kochen), gefrühstückt (frühstücken), gepackt (packen), geputzt (putzen), 2 ge + en: geschlafen (schlafen) gebacken (backen) 3 -t: repariert (reparieren)

2a 1 Wir haben Fußball gespielt. 2 Maria hat Hausaufgaben gemacht. 3 Karim hat einen Computer gekauft. 4 Du hast die Fenster geputzt. 5 Ich habe Nudeln gekocht. 6 Ihr habt das Auto repariert. 7 Die Kinder haben lange geschlafen.

2b 1 Wir haben gestern Fußball gespielt. 2 Maria hat gestern Hausaufgaben gemacht. 3 Karim hat gestern einen Computer gekauft. 4 Du hast gestern die Fenster geputzt. 5 Ich habe gestern Nudeln gekocht. 6 Ihr habt gestern das Auto repariert. 7 Die Kinder haben gestern lange geschlafen.

2c 1 Ich habe am Freitag Tennis gespielt. 2 Wir haben letzten Monat ein Auto gekauft. 3 Du hast am Wochenende nicht gearbeitet. 4 Dieter hat am Freitag geheiratet. 5 Wir haben vorgestern Pizza gemacht. 6 Martin hat gestern keinen Kuchen gebacken. 7 Ella hat letzte Woche Blumen gekauft.

3a 1 Bier, 2 Musik gehört, 3 Deutsch gelernt

3b gehört (hören), gelernt (lernen), gegessen (essen), gesehen (sehen), gelesen (lesen), geschrieben (schreiben)

4a gegangen (gehen), gefahren (fahren), gekommen (kommen)

4b 1 spazieren gegangen, Fahrrad gefahren, 2 Viktor

5a 1 Wir sind spazieren gegangen. 2 Ihr seid nach Norderney gefahren. 3 Er ist zum Strand gegangen. 4 Ich bin zum Deutschkurs gegangen. 5 Meine Freunde sind gekommen. 6 Wir sind früh nach Hause gekommen. 7 Du bist mit dem Auto gefahren.

5b 1 Bist du gestern Fahrrad gefahren?2 Bist du vorgestern mit der U-Bahn gefahren? 3 Bist du letzte Woche zum Arzt gegangen? 4 Bist du am Freitag spät nach Hause gekommen? 5 Bist du am Wochenende spazieren gegangen? 6 Bist du früh ins Bett gegangen?

6a 1a, 2b, 3a

7a haben, ist, bist, habe, bin, habe, habe, sind, habe, Habt, habe

7c 1 in Hamburg, 2 letztes Jahr, 3 Er hat die Natur fotografiert. 4 im Fernsehen, 5 Er hat Postkarten gekauft.

8 1 waren, 2 Warst, 3 war

9a 1c, 2a, 3b

10a 1 hatte, 2 hatten

10b 1c, 2f, 3d, 4b, 5a, 6e

11a 1 im Schwimmbad, 2 viel Arbeit, 3 frei, 4 in den Bergen

Lektion 11

1a Zeile 1: a das Kleid, die Hose, die Jeans, die Bluse, der Mantel, Zeile 2: der Pullover, der Rock, der Schal, die Jacke, die Mütze

1b Zeile 1: schön, bequem, super, klasse, -, Zeile 2: teuer/ langweilig, klasse, -, furchtbar, -

1d Ana: eine Bluse, Schuhe, einen Pullover; Laura: neue Socken, einen Schal, eine Jacke

2a 1 Er trägt eine Mütze mit einem Pullover. 2 Sie trägt eine Bluse und einen Pullover. 3 Er trägt einen Anzug und ein Hemd mit einer Krawatte. 4 Sie trägt ein Kleid. 5 Sie trägt einen Pullover/ ein T-Shirt mit einem Tuch/Schal.

3a von links nach rechts: rot, grün, blau, gelb, weiß, beige, lila, rosa, braun, schwarz, orange, grau

5a 1 eine Bluse, 38, 2 ein T-Shirt, S

5c 1 Ihnen, 2 Ihnen, 3 mir, 4 Ihnen, 5 mir

6a 1 richtig, 2 falsch

6c groß-größer-am größten, klein-kleiner-am kleinsten, eng-enger-am engsten, teuer-teurer-am teuersten, günstig-günstiger-am günstigsten, schön-schöner-am schönsten, gut-besser-am besten, gern-lieber-am liebsten, viel-mehr-am meisten, praktisch-praktischer-am praktischsten

6e 1 Die Hose ist teurer als der Jogginganzug. 2 Die Schuhe sind günstiger als die Sportschuhe. 3 Die Strickjacke kostet mehr als der Pullover. 4 Das T-Shirt ist bequemer als das Hemd. 5 Ich trage lieber Jeans als Hosen. 6 Laura ist größer als Ana.

7a von links nach rechts: groß, günstig, eng, kurz, klein, lang, teuer, weit

8a 1, 2, 7, 4, 6, 3, 8, 5, 9

8b Die Kundin möchte einen Mantel umtauschen. Der Mantel ist ihr zu eng. Sie möchte lieber einen Anorak.

9a Sandro möchte Klamotten kaufen. Laura soll ihm helfen/ihm einen Tipp geben. Sandro soll die Jeans und das blaue Hemd kaufen.

9b 1 Welchen – Diesen, 2 Welcher – Dieser, 3 Welche – Diese, 4 Welches – Dieses, 5 Welcher – Dieser, 6 Welche - Diese

Lektion 12

1a 1 Es regnet. 2 Es ist sonnig. 3 Es ist kalt. 4 Es schneit. 5 Es hagelt. 6 Es ist windig. 7 Es ist warm. 8 Es ist bewölkt. 9 Es ist heiß. 10 Es ist neblig.

1b 1 richtig, 2 falsch, 3 richtig, 4 richtig

2a Kiel liegt im Norden. Dresden liegt im Osten. München liegt im Süden. Bonn liegt im Westen.

2b 1 Es regnet. Es sind 14 Grad. 2 Es ist sonnig. Es sind 20 Grad. 3 Es ist bewölkt. Es sind 17 Grad. 4 Es regnet. Es sind 16 Grad. 5 individuelle Antworten

2c 1 falsch, 2 richtig, 3 falsch

3a 1 Frühling und Sommer, 2 Winter, 3 Sie arbeiten im Garten und pflanzen Blumen und Gemüse. 4 in den Alpen, 5 Ski fahren, im Schnee spazieren gehen, einen Schneemann bauen

4 1c, 2a, 3b

5a Hochzeit, Ostern, Geburtstag, Weihnachten

5b Hochzeit: Kleid, Anzug, Torte, Geschenk; Ostern: Hase, Osterei, Geschenk; Geburtstag: Luftballon, Torte, Geschenk; Weihnachten: Weihnachtsbaum, Schnee, Weihnachtsmann, Geschenk

5c der Osterhase, die Hochzeitsparty, das Hochzeitsgeschenk, die Hochzeitstorte, die Geburtstagsparty, das Geburtstagsgeschenk, die Geburtstagstorte, die Weihnachtsparty, das Weihnachtsgeschenk, die Weihnachtstorte

6a der Frühling - Ostern, der Winter-Weihnachten (in Deutschland)

6b der Frühling: März, April, Mai; der Sommer: Juni, Juli, August; der Herbst: September, Oktober, November; der Winter: Dezember, Januar, Februar

6e 1 Im Juni. 2 Im Januar. 3 Im Dezember.

7b Wann kauft er Blumen? Wo ist er Ostern? Wann hat Herbert Geburtstag? Wann heiraten Petra und Ahmed? Wann ist das Oktoberfest in München?

8a 1 26. April, 2 10. Januar, 3 2. Oktober

9a 1 An einem Freitag im Juni. 2 Andrea

10a 1 Giovanni hat Geburtstag. 2 um 17:00h, 3 bei Wassila und Giovanni im Garten, 4 Laura

10b Foto 2: Blumen

10c 1a, 2b, 3a, 4b, 5a, 6b

Übungstest

Hören, Teil 1
1 b
2 c
3 a
4 c
5 c
6 c

Hören, Teil 2
7 +
8 -
9 +
10 -

Hören, Teil 3
11 b
12 b

13 b
14 b
15 c

Lesen, Teil 1
1 +
2 -
3 +
4 -
5 -

Lesen, Teil 2
6 b
7 a
8 a
9 a
10 b

Lesen, Teil 3
11 +
12 +
13 +
14 -
15 -

Schreiben, Teil 1
1 90403
2 Schmiedgasse
3 rot
4 Rechnung
5 nein

Lektion 1

Aufgabe 1a (Track 1.2)

▶ Guten Tag. Mein Name ist Ella Krüger. Und wie heißen Sie?

▷ Tayo Okoye.

▶ Wie bitte? Tayo …

▷ Okoye. Tayo Okoye.

▶ Hallo. Ich heiße Karim Moussa. Und Sie?

▷ Mein Name ist Rabia Navid.

▶ Entschuldigung, wie ist Ihr Name?

▷ Rabia Navid.

Aufgabe 2a (Track 1.3)

▶ Guten Tag. Mein Name ist Karim Moussa.

▷ Guten Tag. Ich bin Laura Salewska. Woher kommen Sie, Herr Moussa?

▶ Aus Syrien. Und Sie?

▷ Aus Polen.

▶ Frau Navid, woher kommen Sie?

▷ Ich komme aus dem Iran.

▶ Aus dem Irak?

▷ Nein, aus dem Iran.

Aufgabe 4a (Track 1.4)

▶ Guten Morgen. Ich bin Miguel García Fernández.

▷ Guten Morgen. Mein Name ist Laura Salewska. Woher kommen Sie, Herr García Fernández?

▶ Aus Spanien. Und Sie?

▷ Aus Polen.

▶ Hallo. Ich bin Tayo.

▷ Entschuldigung, wie heißt du?

▶ Tayo.

▷ Ah. Ich bin Ana. Woher kommst du?

▶ Aus Nigeria.

Aufgabe 5b (Track 1.5)

▶ Guten Morgen, Frau Krüger.

▷ Morgen, Herr Moussa. Wie geht es Ihnen?

▶ Gut, danke. Und Ihnen?

▷ Auch gut.

▶ Hallo, Julia.

▷ Hallo, Alex. Wie geht es dir?

▶ Na ja, es geht so. Und dir?

▷ Ach, ganz gut.

Aufgabe 8a (Track 1.6)

▶ Sprechen Sie Spanisch?

▷ Ja, ich spreche Spanisch und Englisch und ein bisschen Deutsch.

▶ Sprechen Sie Arabisch?

▷ Nein, Bulgarisch. Und Sie?

▶ Französisch und Arabisch.

▶ Kommen Sie aus Eritrea?

▷ Nein, aus Nigeria.

▶ Kommen Sie aus Syrien?

▷ Ja, ich komme aus Aleppo.

▶ Sind Sie Joana Okoye?

▷ Ja, richtig.

▶ Sind Sie Daniel Meyer?

▷ Nein, ich bin Karim Moussa.

Lektion 2

Aufgabe 1a (Track 1.7)

Das ist meine Familie. Meine Kinder sind mein Sohn Tayo und meine Tochter Joana. Meine Schwiegertochter heißt Michaela.

Hier ist mein Vater Akono. Und das sind mein Bruder Tayo und meine Schwägerin Michaela.

Hier sind mein Mann Tayo, meine Schwägerin Joana und mein Schwiegervater Akono.

Hier ist mein Schatz, meine Frau Michaela. Das sind mein Vater Akono und meine Schwester Joana.

Aufgabe 2a (Track 1.8)

null, eins, zwei, drei, vier, fünf, sechs, sieben, acht, neun, zehn, elf, zwölf, dreizehn, vierzehn, fünfzehn, sechzehn, siebzehn, achtzehn, neunzehn, zwanzig.

Aufgabe 2b (Track 1.9)

1 17, 16, 19, 2 4, 15, 14, 3 12, 18,10

Aufgabe 3b (Track 1.10)

Ich bin verheiratet. Mein Mann heißt Adam. Wir kommen aus Polen, aber wir leben in Deutschland. Wir haben zwei Kinder. Wir sprechen Polnisch und Deutsch. Mein Sohn spricht nur Deutsch.

Aufgabe 5a (Track 1.11)

▶ Wie ist Ihr Name?

▷ Lydia Zawadzki.

▶ Wie bitte?

▷ Lydia Zawadzki.

▶ Buchstabieren Sie bitte.

▷ Lydia: L-Y-D-I-A. Zawadzki: Z-A-W-A-D-Z-K-I.

▶ Z-A … Noch einmal, bitte.

▷ Z-A-W-A-D-Z-K-I.

▶ Danke.

Aufgabe 5b (Track 1.12)

A – B – C – D – E – F – G – H – I – J – K – L – M – N –O – P – Q – R – S – T – U – V – W – X – Y – Z

Ä – Ö – Ü – ß

Aufgabe 5c (Track 1.13)

▶ Wie ist Ihr Name?

▷ Schmitz: S-C-H-M-I-T-Z.

▶ Mein Name ist Jelinski.

▷ Noch einmal bitte.

▶ Jelinski.

▷ Buchstabieren Sie bitte.

▶ J-E-L-I-N-S-K-I.

▶ Ich bin Martin Voß.

▷ V-O-Eszett?

▶ Ja, richtig.

▶ Ich heiße Christine Hübner.

▷ Entschuldigung, wie ist Ihr Name? Hibner?

▶ Nein, Hübner: H-Ü-B-N-E-R.

▷ Ah, danke.

▶ Mein Name ist Beier.

▷ Buchstabieren Sie bitte.

▶ B-E-I-E-R.

▷ Danke, Herr Beier.

▶ Ich bin Luise Clement.

▷ Entschuldigung, Clemens oder Clement?

▶ Clement: C-L-E-M-E-N-T.

Aufgabe 5d (Track 1.14)

zwei, zehn, zwölf, dreizehn, zwanzig

Schwester, geschieden, Deutsch, Spanisch

Sohn, sechs, sieben, siebzehn

Ich heiße …, Ich weiß nicht.

Aufgabe 7a/b (Track 1.15)

▶ Guten Morgen.

▷ Guten Morgen. Willkommen im Kindergarten Zwergenland. Sind Sie Herr Jankowski?

▶ Ja, richtig. Adam Jankowski.

▷ Sie möchten ein Kind bei uns anmelden.

▶ Ja, zwei, meinen Sohn und meine Tochter. Henryk ist drei und Maya ist fünf.

▷ Sind Sie verheiratet?

▶ Ja, meine Frau heißt Gabriela.

▷ Woher kommen Sie, Herr Jankowski?

▶ Aus Polen. Aber wir wohnen jetzt in Deutschland.

▷ Wie ist Ihre Adresse?

▶ Berliner Straße 17 in 50868 Köln.

▷ Und wie ist Ihre Telefonnummer?

▶ 0221 / 673942.

▷ Gut. Danke, Herr Jankowski. Füllen Sie bitte noch das Formular aus.

Aufgabe 8a (Track 1.16)

21, 22, 23, 24, 25, 26, 27, 28, 29, 30, 40, 50, 60, 70, 80, 90, 100

Aufgabe 8c (Track 1.17)

44, 70, 21, 39, 86, 23, 52, 67

Lektion 3

Aufgabe 2a (Track 1.18)
▶ Ist das ein Bleistift?
▷ Ja, das ist ein Bleistift.
▶ Und das? Das ist kein Bleistift, oder?
▷ Nein, das ist ein Kuli.

▶ Und was ist das? Eine Tasche?
▷ Nein, das ist keine Tasche. Das ist ein Rucksack.
▶ Ach so.

Aufgabe 3a (Track 1.19)
▶ Du, Karim?
▷ Ja?
▶ Wie heißt das auf Deutsch?
▷ Das ist ein Radiergummi.
▶ Wie bitte?
▷ Ein Radiergummi: R-A-D-I-E-R-G-U-M-M-I.
▶ Ah, danke.

▶ Entschuldigung, eine Frage: Ist das eine Lampe?
▷ Ja, genau.
▶ Und das?
▷ Ein Schlüssel.
▶ Alles klar, danke.

Aufgabe 9b (Track 1.20)
▶ Entschuldigung, Frau Krüger, eine Frage.
▷ Ja, bitte?
▶ Morgen ist kein Deutschkurs, oder? Ist da nicht ein Feiertag?
▶ Ja, Sie haben frei. Morgen ist kein Deutschkurs. Und Mittwoch sind wir in Raum 24, okay? Raum 24.
▶ Sind wir Donnerstag und Freitag auch in Raum 24?
▷ Nein, Donnerstag und Freitag sind wir in Raum 21 – wie immer. Hier ist es ja auch viel schöner. Dann ist auch schon Wochenende.
▶ Ja, am Samstag und Sonntag haben wir frei und ich möchte nach Berlin fahren! Wissen Sie, mein Freund Mehmet lebt da und ich habe ihn schon lange nicht gesehen.
▷ Viel Spaß dann.

Aufgabe 10a/b (Track 1.21)
▶ Die Hausaufgabe für morgen …
▷ Entschuldigung… Morgen ist Samstag. Am Samstag ist kein Deutschkurs.
▶ Ach ja, richtig. Also, die Hausaufgabe für Montag: Bitte machen Sie auf Seite 15 Übung 3 und auf Seite 16 Übung 4 a und b.
▶ Noch einmal langsam, bitte.
▷ Natürlich. Übung 3 auf Seite 15 und Übung 4 a und b auf Seite 16.
▶ Im Kursbuch?
▷ Nein, im Übungsbuch. Noch Fragen? Keine? Gut. Dann ein schönes Wochenende und bis Montag!
▶ Schönes Wochenende! Tschüss, bis Montag.

Aufgabe 12b (Track 1.22)
das Kursbuch, der Kursraum, das Wörterbuch, das Deutschbuch, das Übungsbuch, das Übungsheft, der Familienname, das Familienfoto, das Heimatland, die Hausnummer, die Handynummer

Lektion 4

Aufgabe 1b (Track 1.23)
▶ Miguel, magst du Obstsalat?
▷ Obstsalat? Ja, aber ich mag keine Äpfel und keine Bananen.
▶ Was magst du denn?
▷ Orangen, Melonen, Kirschen, Trauben, Mangos, Kiwis – ich mag Obst!
▶ Na gut, ich esse die Äpfel und die Bananen. Und du isst …

Aufgabe 4b (Track 1.24)
▶ Haben wir noch Hackfleisch?
▷ Nein, wir brauchen ein Pfund Hackfleisch und zwei Kilo Tomaten.
▶ Ich kaufe auch einen Becher Joghurt und zwei Dosen Bohnen.
▷ Möchtest du Käse?
▶ Ja, 250 Gramm bitte.
▷ Brauchen wir noch Reis?
▶ Nein, wir haben noch zwei Packungen.
▷ Aber wir brauchen noch ein Glas Marmelade.
▶ Kaufen wir auch eine Flasche Wein?
▷ Nein, heute nicht.

Aufgabe 7a (Track 1.25)
▶ Guten Tag. Was hätten Sie gern?
▷ Ich hätte gern zwei Kilo Orangen.
▶ Gern. Darf es sonst noch etwas sein?
▷ Ja, ich brauche auch ein Kilo Tomaten.
▶ Ist das alles?
▷ Ja, danke. Wie viel macht das?
▶ Das macht 5,80 €.

Aufgabe 10 (Track 1.26)
Käse, Äpfel, Gläser
Brötchen, zwölf, mögen, Möhren, schön, Bitte schön, Köln, Österreich
Gemüse, fünf, Hühnerfleisch, Frühstück, München, Türkei

Lektion 5

Aufgabe 2 (Track 1.27)
Ich bin vormittags im Deutschkurs. Nachmittags kaufe ich im Supermarkt ein. Dann koche ich das Essen für meine Familie. Wir essen abends zusammen und dann sehen wir fern.
Ich arbeite nachts und schlafe vormittags. Nachmittags mache ich Computerspiele oder schreibe E-Mails. Am Wochenende mache ich Sport.
Meine Freundin und ich frühstücken morgens zusammen. Dann gehen wir zum Deutschkurs. Nachmittags sind wir zu Hause. Wir machen die Hausaufgaben oder hören Musik. Abends gehen wir spazieren. Wir machen immer alles zusammen.

Aufgabe 4a (Track 1.28)
▶ Wie spät ist es?
▷ Fünf vor halb zwei.
▶ Schon fünf vor halb zwei?
▷ Ja. Machen wir eine Pause?
▶ Gute Idee.

▶ Wie viel Uhr ist es?
▷ Zwanzig nach fünf.
▶ Schon so spät? Dann gehe ich jetzt nach Hause.

Aufgabe 4b (Track 1.29)
▶ Entschuldigung?
▷ Ja, bitte?
▶ Können Sie mir bitte sagen, wie spät es ist?
▷ Viertel vor elf.
▶ Danke.

▶ Christian, schläfst du noch?
▷ Mmmhm.
▶ Aufstehen! Es ist schon halb sieben.

▶ Teresa, du sitzt ja immer noch am Computer! Machst du heute keine Mittagspause?
▷ Doch, aber ich habe so viel Arbeit, da habe ich gar nicht auf die Uhr gesehen. Wie spät ist es denn?
▶ Viertel nach eins.
▷ Schon Viertel nach eins? Dann mache ich jetzt Pause. Gehen wir zusammen essen?
▶ Ja, gern. Aber komm jetzt. Ich habe Hunger!

Aufgabe 7a/b und Aufgabe 8a (Track 1.30)
Mein Tag beginnt um halb acht. Ich stehe nicht gern früh auf und bin morgens immer müde. Ich frühstücke nie, aber trinke immer einen Milchkaffee. Um zwanzig vor neun gehe ich zum Deutschkurs. Der Kurs beginnt um neun Uhr. Um elf machen wir immer eine Pause und um eins haben wir Schluss. Nachmittags bin ich oft zu Hause. Ich lese, höre Musik oder mache meine Hausaufgaben. Abends sehe ich manchmal fern. Ich sehe gern Filme auf Deutsch. So lerne ich viele neue Wörter.
Ich stehe immer um Viertel vor sieben auf und mache das Frühstück für meine Familie. Mein Mann geht um halb acht zur Arbeit und mein Sohn Maksim geht zur Schule. Am Nachmittag kaufe ich oft im Supermarkt ein oder mache meine Hausaufgaben. Abends sind alle zu Hause. Wir machen oft Spiele oder gehen spazieren. Maksim geht immer früh ins Bett. Mein Mann und ich trinken manchmal noch ein Glas Wein und sprechen über den Tag. Um elf Uhr sind wir dann auch müde und gehen ins Bett.

Aufgabe 9a (Track 1.31)
▶ Hallo?
▷ Hallo, Karim. Hier ist Miguel.
▶ Miguel! Wie geht's?
▷ Gut, danke. Und dir?
▶ Sehr gut.
▷ Wir lernen am Samstag zusammen Deutsch: Ana, Tayo und ich. Kommst du auch?

► Wann denn?
▷ Um halb fünf.
► Ja, gut. Samstag habe ich Zeit. Ich komme gern.
▷ Super! Wir lernen von halb fünf bis halb sechs und dann essen wir zusammen. Ana macht Pizza.
► Hmm, lecker! Aber sag mal, kommt Rabia nicht?
▷ Ich weiß nicht. Rabia hat nachmittags immer viel zu tun, aber ich rufe sie an.
► Okay. Dann bis Samstag.

Aufgabe 9b (Track 1.32)
► Ja? Hallo?
▷ Hallo, Laura. Hier ist Miguel. Hast du am Samstag Zeit?
► Wann denn?
▷ Um halb fünf. Wir lernen erst zusammen Deutsch und dann macht Ana Pizza für alle. Kommst du auch?
► Nein, ich habe leider keine Zeit. Ich arbeite von 16.00 Uhr bis 20.00 Uhr.
▷ Am Samstag?
► Ja, ich arbeite manchmal auch am Wochenende.
▷ Schade.
► Ja, sehr schade. Na ja, viel Spaß am Samstag!
▷ Danke.
► Tschüss.

Lektion 6

Aufgabe 1a/b (Track 1.33)
Ich wohne in einer WG mit zwei Freunden. Ich mag es, wenn wir abends alle zusammen im Wohnzimmer sind. Ich liege auf dem Sofa und schaue fern. Das finde ich sehr gemütlich. Das Sofa und der Fernseher sind neu.

Ich wohne mit meinem Mann zusammen in einer schönen Wohnung. Sie ist sehr hell. Ich mag mein Arbeitszimmer sehr. Die Sonne kommt durch das Fenster, und draußen ist gleich der Balkon. Ich muss viel zu Hause arbeiten, aber die Arbeit macht auch Spaß!

Meine Wohnung ist wunderschön. Und sie hat einen großen Balkon! Da bin ich sehr gerne. Ich habe viel Grün auf dem Balkon. Meine Pflanzen bekommen jeden Tag Wasser – und viel Liebe!

Ich habe eine kleine Wohnung im Zentrum. Aber die Küche ist groß! Dort bin ich am liebsten. Ich esse und koche gerne. Und am Küchentisch kann ich auch sitzen und meine Hausaufgaben machen.

Aufgabe 2a (Track 1.34)
einhundert, zweihundert, dreihundert, vierhundert, fünfhundert, sechshundert, siebenhundert, achthundert, neunhundert, tausend, fünftausend, achttausend, zehntausend

Aufgabe 2b (Track 1.35)
a 222, b 643, c 455, d 1876, e 3917, f 6131, g 1120, h 10.011

Aufgabe 4b (Track 1.36)
► Sag mal, sucht ihr noch eine Wohnung?
▷ Ja, wir brauchen eine große Wohnung. Unsere ist zu klein.
► Wie viele Zimmer muss die Wohnung denn haben?
▷ Mindestens drei.
► Dann schau mal hier das Angebot. Das hört sich doch gut an.
▷ Ja, das stimmt.

► Tina, wo sind die Wohnungsanzeigen?
▷ Hier in der Zeitung. Da ist eine interessante Anzeige.
► Welche denn?
▷ Hier, die 3-Zimmer-Wohnung. Leider sind es 100 Euro mehr, als wir zahlen möchten.
► Hm, wir können ja einen Besichtigungstermin ausmachen. Dann sehen wir weiter.

► Hallo, Paula, du suchst doch eine Wohnung für deine Schwester.
▷ Ja, sie kommt im Juni und arbeitet hier in Deutschland 8 Monate für ihre Firma.
► Dann schau mal hier in die Anzeige. Die Wohnung ist doch perfekt für sie.
▷ Ja, das stimmt. Ich rufe sofort mal an.

► Na, wie sieht's mit der Wohnungssuche aus? Habt ihr etwas gefunden?
▷ Nein, noch nicht. Wir brauchen dringend mehr Platz. Besonders für die Kinder.
► Wie groß muss die Wohnung denn sein?
▷ Mindestens 100 qm. Besser noch mehr. Wir möchten aus der Stadt wegziehen. Die Kinder wünschen sich einen Garten.
► Dann schau mal hier die Anzeige. Gefällt dir das Haus?
▷ Ja, warum nicht.

Aufgabe 5a (Track 1.37)
► Wie groß ist die Wohnung?
▷ Sie ist 55 Quadratmeter groß.
► 55 Quadratmeter? Das ist zu klein.

► Hier ist das Wohnzimmer.
▷ Das Wohnzimmer liegt ja direkt an der Hauptstraße.
► Ja, aber hier ist es nicht laut. Die Straße ist sehr ruhig.
▷ Nein, es tut mir leid. Hier ist es laut.

► Ist das hier das Bad?
▷ Ja, es ist klein, aber schön und hell.
► Das Bad ist doch nicht schön! Es ist hässlich und dunkel.

► Wie viel kostet die Wohnung?
▷ Sie kostet 800 Euro. Es kommen noch circa 150 Euro für Heizung usw. dazu.
► Was? 950 Euro insgesamt? Das ist doch viel zu teuer!

Aufgabe 7a (Track 1.38)
Ich wohne jetzt mit meinem Freund zusammen, mit Miguel. Die Wohnung ist nicht so wichtig – Hauptsache, wir sind zusammen! Wir haben nur ein Zimmer, aber es ist sehr groß und hell. Viele Möbel haben wir noch nicht. Ich mache jetzt einen Plan und wir gehen einkaufen.

Aufgabe 8c (Track 1.39)
► Wir brauchen einen Tisch. Schau mal, den Tisch da.
▷ 399 Euro! Der ist zu teuer.

► Schau mal, die Kaffeemaschine. Die kostet nur 39 Euro 95.
▷ Brauchst du eine Kaffeemaschine?
► Ja, unbedingt.
▷ Ich hab' noch eine im Keller. Die kannst du haben.

► Die Kinder brauchen einen Kleiderschrank. Wie findest du den Kleiderschrank hier?
▷ Den finde ich nicht so gut. Der da hinten ist sehr schön.
► 745 Euro für einen Schrank! Ich finde, das ist viel Geld. Lass uns noch in einem anderen Geschäft schauen.

► Schau mal, das Sofa ist schön.
▷ Nein, das ist nicht schön, aber sehr billig.
► Was, 1378 Euro für ein Sofa findest du billig?

Aufgabe 8d (Track 1.40)
► Wir brauchen eine Lampe.
▷ Die Lampe dort finde ich schön.
► Der Teppich ist auch schön.
▷ Ja, aber wir haben doch einen Teppich.
► Wie findest du die Stühle?
▷ Sehr schön, aber wir haben doch Stühle.
► Ja, aber sie sind schon alt.

Aufgabe 9a (Track 1.41)
► Also, was brauchen wir für die Wohnung? Ich möchte eine Spülmaschine und eine moderne Kaffeemaschine.
▷ Na gut. Und ich möchte einen Sessel.
► Einen Sessel?
▷ Ja, einen Sessel zum Fernsehen.
► Hm, ich bin für ein schönes Sofa. Dann können wir zusammen sitzen.
▷ Aber es darf nicht so teuer sein. Wir brauchen ja auch noch Regale, einen Tisch, Stühle und eine Waschmaschine. Das wird ganz schön teuer!
► Ja, ja, aber ein Sofa ist so gemütlich.
■ Guten Tag, was möchten Sie kaufen?
▷ Wir brauchen einen Tisch, Stühle, einen Sessel …
► Nein, wir brauchen ein Sofa.
■ Das Sofa hier ist sehr schön. Es kostet nur 285,95 Euro.
▷ So viel Geld haben wir nicht. Das ist zu teuer!
■ Hier haben wir ein Sofa für 128 Euro. Das ist ein Sonderangebot.
► Aber das ist nicht schön. Es ist hässlich!

Lektion 7

Aufgabe 1a/b (Track 1.2)

Ich nehme immer das Auto. Das ist praktisch. Ich kann fahren, wann und wohin ich will, und brauche nicht an einer Haltestelle zu warten. Außerdem sind die öffentlichen Verkehrsmittel immer sehr voll. In meinem Auto habe ich meine Ruhe und kann auch Musik hören. Natürlich sind die Straßen in der Stadt manchmal voll und man muss auch einen Parkplatz suchen, aber dafür bin ich unabhängig.

Ich nehme fast immer den Bus. In der Stadt ist das ganz praktisch. Es gibt sowieso nicht so viele Parkplätze und man muss Parkgebühren bezahlen. Ich habe eine Bushaltestelle direkt vor meiner Haustür und die Linie 11 fährt direkt ins Zentrum.

In der Stadt fahre ich immer Fahrrad. Meistens bin ich schneller als die Straßenbahn und ich komme gut überall hin. Ein Auto habe ich nicht. Das ist mir zu teuer. Mir macht Fahrradfahren Spaß, es hält mich fit und es kostet nichts. Nur ganz selten, im Winter, nehme ich auch schon mal die U-Bahn, wenn es einfach zu kalt ist, um Fahrrad zu fahren.

Aufgabe 2a (Track 1.3)

▶ Wie fahren wir in die Stadt?
▷ Wir fahren mit dem Bus.
▶ Warum nehmen wir nicht die Straßenbahn?
▷ Mit der Straßenbahn brauchen wir zu lange und wir müssen zweimal umsteigen.
▶ Dann nehmen wir doch besser das Auto.
▷ Nein, mit dem Auto brauchen wir einen Parkplatz.
▶ Dann fahren wir mit der U-Bahn. Schau mal hier auf den Stadtplan. Die U-Bahn fährt bis zum Hauptbahnhof.
▶ Ja richtig. Das ist eine gute Idee. Wir nehmen die Linie 2. Die braucht nur 15 Minuten.

Aufgabe 2c (Track 1.4)

▶ Ich fahre immer mit der Straßenbahn. Und du?
▷ Die Straßenbahn nehme ich nie.

▶ Möchtest du morgen mit dem Auto fahren?
▷ Nein, ich fahre lieber mit dem Bus.

▶ Ich fahre nicht gerne mit dem Fahrrad.
▷ Ich auch nicht. Ich benutze immer das Auto.

▶ Wir nehmen die U-Bahn.
▷ Ja, wir nehmen die Linie 12.

▶ Nimmst du den Bus um 8.30 Uhr?
▷ Nein, ich nehme den Bus um 8.00 Uhr.

▶ Ich fahre mit dem Taxi zum Bahnhof.
▷ Fährst du mit dem Zug um 10 Uhr?

Aufgabe 3b (Track 1.5)

Sehr geehrte Fahrgäste, die Regionalbahn RB 25 von Köln nach Marienheide um 16.10 Uhr kommt heute ca. 5 Minuten später.

Sehr geehrte Fahrgäste, der Intercity ICE 599 von Dortmund nach Frankfurt/Main um 8.35 Uhr fährt heute außerplanmäßig von Gleis 3 ab. Der Fahrgast Herr Martin Müller wird gebeten zum Informationsschalter 1 im Fahrgastzentrum zu kommen.

Sehr geehrte Fahrgäste, die S 7 zum Flughafen fällt heute aufgrund eines Schadens aus. Fahrgäste zum Flughafen nehmen bitte die S 9 bis zur Frankfurter Straße und steigen dann in die S 12 um.

Sehr geehrte Fahrgäste, der City-Express 38 von Aachen nach Köln HBF fährt heute außerplanmäßig von Gleis 5 ab, die Ankunftszeit verzögert sich um circa 10 Minuten.

Sehr geehrte Fahrgäste, die S 4 nach Siegburg-Bonn fährt heute aufgrund eines Gleisschadens nur bis Troisdorf. Fahrgästen bis Siegburg-Bonn steht ab Troisdorf Schienenersatzverkehr zur Verfügung.

Aufgabe 7 (Track 1.6)

▶ Entschuldigung, wo finde ich das Marienkrankenhaus?
▷ Das Marienkrankenhaus ist in der Goethestraße.

▶ Entschuldigung, ist das Schwimmbad am Marktplatz?
▷ Nein, das Schwimmbad ist gleich da vorne am Stadtpark.

▶ Ist das die VHS?
▷ Nein, das ist die Stadtbibliothek. Die VHS ist am Marktplatz.

▶ Hält die Linie 7 am Rudolfplatz?
▷ Ja, die Linie 7 und die Linie 1.

▶ Entschuldigung, ich suche die nächste Post.
▷ Die ist in der Frankfurter Straße, neben dem Supermarkt.

▶ Entschuldigung, ist das das Jobcenter?
▷ Nein, hier ist das Rathaus mit dem Bürgerbüro. Das Jobcenter ist gegenüber der Krankenkasse.

Aufgabe 9a (Track 1.7)

▶ Hallo Karim.
▷ Hallo Ana. Wohin gehst du?
▶ Heute gehe ich zum Wochenmarkt.
▷ Fährst du mit dem Bus?
▶ Nein, ich fahre mit dem Fahrrad. Und was machst du?
▷ Ich fahre zum Arzt und da nehme ich besser den Bus.

▶ Rabia, ich fahre zum Deutschkurs. Kommst du mit?
▷ Nein, ich komme heute später. Ich fahre noch zum Bürgerbüro. Fährst du mit dem Auto und kommst du am Rathaus vorbei?
▶ Nein, leider nicht. Ich nehme heute die Straßenbahn. Zum Rathaus fährst du besser mit der U-Bahn.

Aufgabe 10a/b (Track 1.8)

▶ Entschuldigung, wie komme ich zum Hauptbahnhof?
▷ Gehen Sie hier über die Ampel. Dann die Beethovenstraße immer geradeaus bis zur nächsten großen Kreuzung. An der Kreuzung gehen Sie rechts in die Mozartstraße. Da sehen Sie schon die St.-Anna-Kirche. Hinter der Kirche nehmen Sie die zweite Straße links. Das ist die Bahnhofstraße. Nach ungefähr 400 Metern sehen Sie den Bahnhof.
▶ Also, hier über die Ampel. Dann immer geradeaus. An der Kreuzung rechts und nach der Kirche die zweite Straße links.
▷ Genau!
▶ Gut. Dann vielen Dank!

Lektion 8

Aufgabe 2b/c (Track 1.9)

Ich arbeite im Krankenhaus, aber ich bin kein Arzt. Ich bin Koch. Ich koche das Essen für die Leute im Krankenhaus. Wir haben manchmal viel Stress in der Küche, aber ich mag meinen Beruf.

Meine Arbeit ist sehr interessant. Ich bin Techniker und installiere Computersysteme. Mein Arbeitstag beginnt um 8.00 und endet um 16.30 Uhr. Am Wochenende habe ich immer frei.

Ich bin Hausfrau. Ich habe zwei kleine Kinder, einen Mann und einen Hund. Da ist immer viel zu tun. Ich mag meine Arbeit – na ja, nicht immer. Ich putze nicht gern Fenster. Das ist langweilig.

Ich arbeite noch nicht. Ich bin Studentin und studiere Mathematik. Vormittags bin ich an der Universität und nachmittags lerne ich zu Hause. Am Wochenende treffe ich Freunde und wir gehen oft in die Disko oder zu Konzerten.

Aufgabe 4a (Track 1.10)

▶ Arbeitest du gern zu Hause?
▷ Nein, lieber im Büro.

▶ Arbeitest du lieber vormittags oder nachmittags?
▷ Lieber nachmittags.

▶ Möchtest du heute Deutsch lernen oder morgen?
▷ Lieber morgen.

▶ Möchtest du lieber Reis oder Nudeln?
▷ Lieber Nudeln.

Aufgabe 4b (Track 1.11)

▶ Guten Morgen, Frau Moreno. Wie geht es Ihnen?
▷ Es geht so. Ich suche eine Arbeit, aber das ist nicht so einfach. Ich möchte nur halbtags arbeiten.
▶ Hmm, wir suchen eine Aushilfe hier im Supermarkt. Wann möchten Sie denn arbeiten? Vormittags?
▷ Nein, lieber nachmittags.
▶ Ich spreche mal mit Frau Winter. Sie ist die Chefin hier.
▷ Das ist sehr nett. Vielen Dank.
▶ Sehr gerne. Vielleicht sind wir bald Kolleginnen.

Aufgabe 7b (Track 1.12)

▶ Was sind Sie von Beruf?
▷ Ich arbeite als Kellnerin hier im Restaurant.
▶ Ist die Arbeit interessant?
▷ Es geht so. Die Arbeit ist nie langweilig. Und ich arbeite gern mit Menschen zusammen und viele Gäste sind sehr nett.
▶ Haben Sie oft Stress?
▷ Manchmal. Von 12.00 Uhr bis 14.00 Uhr haben wir immer viel zu tun. Die Leute haben dann Mittagspause und wollen ganz schnell essen.
▶ Arbeiten Sie auch am Samstag?
▷ Ja, ich arbeite sehr oft am Samstag und Sonntag. Es sind immer fünf Tage in der Woche.
▶ Bis wann müssen Sie heute arbeiten?
▷ Bis 18.00 Uhr. Aber ich kann dann noch nicht nach Hause gehen. Ich muss zuerst in die Autowerkstatt. Mein Auto ist kaputt.
▶ Oh je!

▷ Na ja, es ist nicht so schlimm. Es ist nur eine kleine Reparatur.
► Na dann, schönen Abend und danke für das Interview.
▷ Gern. Schönen Abend.

Aufgabe 9a/b (Track 1.13)
► Pizzeria Roma. Hier ist Silvia. Guten Tag.
▷ Guten Tag. Mein Name ist Toni Lettinger. Sie suchen einen Pizzafahrer?
► Ja, das stimmt.
▷ Ich suche eine Arbeit als Fahrer …
► Haben Sie ein Auto?
▷ Ja, ich habe ein Auto und einen Führerschein natürlich auch.
► Gut. Wir suchen einen Fahrer für abends. Da haben wir immer viel zu tun. Können Sie von 17.00 Uhr bis 21.00 Uhr arbeiten?
▷ Ja, kein Problem. Ich bin flexibel.
► Schön. Wann können Sie anfangen?
▷ Ich kann sofort anfangen.
► Schon am Mittwoch?
▷ Ja, gern.
► Perfekt! Können Sie heute Nachmittag in die Pizzeria kommen? Sie müssen noch ein Formular ausfüllen.
▷ Natürlich. Wann denn?
► Um 15.30 Uhr?
▷ Ja, das geht. Wie ist die Adresse?
► Hauptstraße 98.
▷ Gut, dann bis 15:30.
► Bis dann. Auf Wiederhören.
▷ Auf Wiederhören.

Lektion 9

Aufgabe 6a (Track 1.14)
► Guten Tag, Frau Okoye.
▷ Guten Tag. Ich habe einen Termin um 10.00 Uhr.
► Ja richtig, zur Untersuchung. Haben Sie Ihre Versichertenkarte?
▷ Hier, bitte.
► Danke. Dann nehmen Sie bitte noch Platz im Wartezimmer.
▷ Dauert es sehr lange?
► Na ja. Eine halbe Stunde vielleicht.
▷ Gut, das geht ja noch.

Aufgabe 7b (Track 1.15)
Nehmen Sie zweimal am Tag eine Tablette. Einmal morgens und dann abends, bevor Sie ins Bett gehen.
Hier ist Ihre Salbe. Streichen Sie abends ein bisschen Salbe auf das Knie.
Wechseln Sie bitte einmal am Tag den Verband. Das ist wichtig.
Nehmen Sie dreimal am Tag 5 ml Hustensaft.
Wechseln Sie das Pflaster dreimal am Tag.
Nehmen Sie zweimal am Tag vor dem Essen 25 Tropfen mit Wasser ein.

Aufgabe 10a (Track 1.16)
► Praxis Dr. Salentin, Wegner, guten Tag.
▷ Guten Tag. Böhmer mein Name. Ich brauche einen Termin.
► Zur Vorsorge oder zur Untersuchung?
▷ Zur Untersuchung.
► Möchten Sie vormittags oder nachmittags?
▷ Lieber nachmittags.
► Nächste Woche Dienstag um 15.00 Uhr?
▷ Geht das nicht früher? Ich habe Schmerzen.
► Kommen Sie dann morgen um 11.00 Uhr in die Notfallsprechstunde.

Aufgabe 10b (Track 1.17)
► Praxisgemeinschaft Emmerich und Pohl, was kann ich für Sie tun?
▷ Schmidt hier. Ich habe heute um 15.00 Uhr einen Termin bei Frau Dr. Emmerich. Mein Sohn ist aber leider krank. Er hat Fieber. Ich muss den Termin leider absagen.
► Ich verstehe – da kann man nichts machen. Möchten Sie denn einen neuen Termin?
▷ Gerne.
► Können Sie nächste Woche Donnerstag um 10.00 Uhr?
▷ Nächste Woche Donnerstag ist der 31., oder?
► Ja genau. Um 10.00 Uhr, geht das?
▷ Ja, das geht.
► Gut, Frau Schmidt, dann am Donnerstag, den 31., um 10.00 Uhr.
▷ Vielen Dank.

Aufgabe 11 (Track 1.18)
► Altenpflegeheim „Haus Aja", guten Tag. Sie sprechen mit Daniela Peters.

▷ Guten Tag, mein Name ist Okoye, Joana Okoye. Ich mache zurzeit ein Praktikum bei Ihnen. Frau Schreiber ist meine Praktikumsbetreuerin.
► Guten Tag, Frau Okoye.
▷ Ich kann leider für eine Woche nicht zum Praktikum kommen. Ich bin krank. Ich habe Fieber. Der Arzt sagt, ich soll im Bett bleiben.
► Gut, Frau Okoye. Ich sage Frau Schreiber Bescheid. Haben Sie eine Krankmeldung?
▷ Ja, ich schicke die Krankmeldung per Post. Ich schreibe Frau Schreiber auch noch einen Brief.
► Das ist gut. Dann gute Besserung!
▷ Vielen Dank!

Lektion 10

Aufgabe 1a (Track 1.19)
► Hallo, Marie. Wie geht es dir?
▷ Ganz gut. Ich bin nur ein bisschen müde. Ich habe viel gearbeitet.
► Hast du Nachtdienst gehabt?
▷ Ja, letzte Woche und diese Woche auch. Ein Kollege ist krank, da haben wir viel zu tun. Aber sag mal, wie geht es dir? Hast du jetzt frei?
► Ja, Martin und ich haben endlich Urlaub. Wir haben heute bis zehn geschlafen. Dann hat Martin Kaffee gekocht und wir haben gemütlich gefrühstückt.
▷ Wunderbar! Und wann fahrt ihr nach Norderney?
► Morgen früh. Wir haben schon den Koffer gepackt.
▷ Oh! Kein Urlaubsstress?
► Na ja, ein bisschen. Ich habe gestern noch die Fahrräder repariert, und Martin hat die Wohnung geputzt und einen Kuchen gebacken. Aber jetzt ist alles fertig.
▷ Das ist schön. Du, es tut mir leid, aber ich muss jetzt zur Arbeit gehen. Können wir morgen telefonieren?
► Natürlich. Ich rufe morgen Nachmittag an.
▷ Bis dann. Gute Reise.

Aufgabe 3a/b (Track 1.20)
► Sag mal, Sandro, hast du gestern Milch und Kaffee gekauft?
▷ Nein, nur Bier.
► Aber wir brauchen auch Milch und Kaffee! Ich habe extra einen Einkaufszettel geschrieben. Hast du den nicht gelesen?
▷ Einen Einkaufszettel? Ich habe keinen Zettel gesehen.
► Na gut. Kannst du bitte noch Milch und Kaffee kaufen?
▷ Jetzt? Nein, das geht jetzt nicht. Das Fußballspiel fängt gleich an. Möchtest du ein Bier?

► Was habt ihr am Wochenende gemacht?
▷ Nicht viel. Am Samstag haben wir das Fußballspiel im Fernsehen gesehen: Deutschland – Italien. Am Sonntag habe ich Musik gehört. Meine Frau hat einen Film gesehen und dann mit ihrer Schwester telefoniert. Stundenlang …

► Hast du am Samstag das Fußballspiel gesehen, Rabia?
▷ Nein, ich habe mit Ana und Miguel Deutsch gelernt, und abends haben wir zusammen gegessen.
► Ah, habt ihr alle zusammen gekocht oder wieder einmal Ana alleine?
▷ Wie immer. Ana hat gekocht. Sie hat eine Tomatensuppe gekocht und Brot gebacken. Lecker!

Aufgabe 6a (Track 1.21)
► Es ist sehr schön hier auf Norderney.
▷ Ja, sehr schön und sehr ruhig. Ich wohne gerne hier.
► Hast du schon immer hier gelebt?
▷ Nein, früher habe ich in Kiew, Hamburg und Berlin gelebt.
► Und wo bist du geboren?
▷ In Kiew, aber ich bin in Hamburg aufgewachsen und zur Schule gegangen. Und dann habe ich viele Jahre in Berlin gewohnt. Ich habe dort als Ingenieur gearbeitet.

Aufgabe 7b (Track 1.22)
► Sag mal, Viktor, wie lange kennst du Martin schon?
▷ Viele Jahre. Wir haben zusammen in Hamburg studiert. Nach dem Studium ist Martin nach Düsseldorf gegangen und ich nach Berlin.
► Und wann bist du nach Norderney gekommen?
▷ Letztes Jahr. Früher habe ich hier oft Urlaub gemacht. Ich bin jedes Jahr nach Norderney gefahren und habe die Natur fotografiert: den Strand, das Meer und die Tiere. Fotografieren ist mein Hobby, und jetzt ist es auch mein Beruf.
► Du arbeitest hier als Fotograf?
▷ Ja, ich mache Fotos für Postkarten. Ich verdiene nicht viel, aber die Arbeit ist sehr schön. Gestern habe ich die Seehunde fotografiert. Die Touristen mögen Seehunde und kaufen gerne die Postkarten. Jetzt sind gerade die Seehundbabys geboren. Die sind süß.
► Ich habe noch nie Seehundbabys in der Natur gesehen. Nur im Fernsehen.

▷ Wir fahren gleich hin. Dann kannst du sie sehen.

▷ Oh ja, gerne. Wo ist Martin denn? Wir warten schon zwanzig Minuten … Ah, da ist er ja. Mach schnell, Martin! Wir fahren jetzt.

■ Ich komme ja schon. Tut mir leid. Habt ihr lange gewartet? Ich habe noch Postkarten gekauft. Hier, guckt mal: Seehunde. Die sind doch süß, oder?

Aufgabe 8 (Track 1.23)

▷ Hallo Ella. Wie geht's? Wie war der Urlaub?

▷ Schön, aber sehr kurz. Wir waren vier Tage auf Norderney. Warst du schon mal dort?

▷ Nein, ich war noch nie auf Norderney.

Aufgabe 10a (Track 1.24)

▷ Hast du schon die Hausaufgaben gemacht? Die waren wirklich schwer.

▷ Nein, ich hatte am Wochenende keine Zeit. Wir hatten Besuch. Meine Schwester und ihre Kinder waren da.

Aufgabe 11a (Track 1.25)

▷ Wie war dein Tag gestern, Lisa?

▷ Sehr schön. Ich war im Schwimmbad.

▷ Warst du nicht im Büro?

▷ Nein, ich hatte frei.

▷ Wie war dein Wochenende, Peter?

▷ Nicht so gut. Die Kinder waren krank, das Auto war kaputt und meine Frau war nicht da. Ich hatte viel zu tun.

▷ Oh je …

▷ Und wie war dein Wochenende?

▷ Ganz gut. Am Samstag hatte ich Dienst, aber am Sonntag habe ich nicht gearbeitet. Ich war zu Hause und habe den ganzen Tag Filme gesehen.

▷ Hallo, Herr Konrad. Wie war Ihr Urlaub? Waren Sie wieder am Meer?

▷ Nein, wir waren in den Bergen. Die Kinder sind Ski gefahren und hatten sehr viel Spaß. Der Urlaub war wirklich super.

Lektion 11

Aufgabe 1b (Track 1.26)

▷ Kommst du am Samstag mit zu der Party von Stefan, Sandro und Miguel?

▷ Ja, klar, du auch, oder? Aber ich weiß nicht, was ich anziehen soll. Was meinst du? Vielleicht ziehe ich die Jeans und den roten Pullover an. Schau mal, der war sehr teuer.

▷ Hm, die Jeans finde ich super, aber der Pulli ist nicht schön. Und er ist langweilig.

▷ Na, gut. Wie findest du die Hose? Ich mag sie. Sie ist bequem. Und dazu die Bluse und den Pullover. Gut?

▷ Auf keinen Fall! Sie ist bequem, ja. Die Bluse ist klasse, aber du trägst sie oft. Und der Pullover … Ich weiß, du magst ihn, aber ich finde ihn furchtbar. Warum ziehst du nicht das Kleid an? Das ist sehr schön.

▷ Nein, das möchte ich nicht anziehen. Ich habe noch den Rock. Guck mal.

▷ Ja, der ist klasse!

▷ Hm, aber dann brauche ich noch eine Bluse und Schuhe. Hast du morgen Zeit? Gehen wir zusammen in die Stadt?

▷ Ja, gerne. Gute Idee.

Aufgabe 1d (Track 1.27)

▷ Treffen wir uns um 16 Uhr an der Hauptwache, wie immer?

▷ Gut. Also du brauchst eine Bluse und Schuhe. Und ich brauche neue Socken, einen Schal und vielleicht finde ich eine Jacke.

▷ Ach und ich möchte noch einen Pullover. Du sagst ja, der Pullover ist nicht schön.

▷ Lass uns gleich eine Liste schreiben, was wir brauchen. Wir vergessen sonst sicher die Hälfte.

Aufgabe 3a (Track 1.28)

rot, grün, blau, gelb, weiß, beige, lila, rosa, braun, schwarz, orange, grau

Aufgabe 5a (Track 1.29)

▷ Wie gefällt dir die Bluse?

▷ Ich weiß nicht. Sie gefällt mir nicht so gut. Eine Bluse in Blau zu deinem Rock? Ich weiß nicht.

▷ Mir gefällt sie sehr gut, aber ich glaube, sie passt mir nicht. Sie ist zu klein.

▷ Vielleicht kann dir die Verkäuferin helfen?

▷ Die Bluse ist zu klein. Haben Sie sie auch in Größe 38?

■ Natürlich, hier bitte.

▷ Danke, die probiere ich mal an.

▷ Meinst du, das T-Shirt passt mir?

▷ Die Farbe ist gut, aber das Shirt ist zu weit.

▷ Dann nehme ich es in Größe XS.

▷ Nein, das ist zu eng.

■ Größe S könnte Ihnen passen. Hier bitte.

▷ Vielen Dank.

Aufgabe 6a/b (Track 1.30)

▷ Kann ich Ihnen helfen?

▷ Ich brauche eine Hose.

▷ Wie gefällt Ihnen dieses Modell?

▷ Das ist ganz schön. Aber ich möchte keine Hose in Rosa.

▷ Kein Problem, wir haben die Hose auch in Grün. Gefällt Ihnen die Farbe besser?

▷ Ja, die ist viel schöner. Ich probiere sie mal an.

▷ Und? Passt die Hose?

▷ Nein, leider nicht. Haben Sie die noch größer? Sie ist zu eng.

▷ Größer? Nein, leider nicht. Hier ist noch ein anderes Modell. Das ist aber teurer.

▷ Was kostet diese Hose denn?

▷ 98,95 Euro. Die andere Hose ist günstiger - nur 57,50 Euro.

▷ Ich finde diese Hose am schönsten, aber sie ist auch am teuersten. Ich weiß nicht, vielleicht kaufe ich lieber einen Rock. Röcke habe ich doch am liebsten!

Aufgabe 8a (Track 1.31)

▷ Entschuldigung, ich möchte etwas umtauschen.

▷ Ja, was denn?

▷ Den Mantel hier.

▷ Ist etwas nicht in Ordnung damit? Ist er kaputt?

▷ Nein, aber der ist zu eng. Ich habe ihn gestern gekauft, aber er passt mir doch nicht richtig.

▷ Haben Sie noch den Kassenbon?

▷ Ja natürlich. Hier bitte.

▷ Möchten Sie das Geld zurück oder nehmen Sie einen anderen Mantel?

▷ Ich weiß nicht. Ich glaube, ich möchte jetzt doch lieber einen Anorak. Haben Sie einen in Größe 38?

Lektion 12

Aufgabe 1b (Track 1.32)

▷ Thomas? Fährst du mit dem Fahrrad zur Arbeit?

▷ Nein, heute nicht. Es regnet.

▷ Puh, es ist so heiß heute!

▷ Ja, es sind 31 Grad. Möchtest du etwas trinken?

▷ Oh ja, eine Limonade mit viel Eis, bitte.

▷ Gehen wir spazieren?

▷ Hmm, ich weiß nicht. Das Wetter ist nicht so schön.

▷ Regnet es denn?

▷ Nein, aber es ist windig und kalt. Es ist minus ein Grad.

▷ Guck mal, Hanna: Die Sonne scheint. Gehen wir in den Garten?

▷ Ja, gute Idee.

Aufgabe 2c (Track 1.33)

Und nun der Wetterbericht: In ganz Deutschland ist es heute sehr heiß. Im Norden ist es am Nachmittag bewölkt und es regnet. In Süddeutschland ist es den ganzen Tag sonnig und trocken. Morgen ist das Wetter auch in Norddeutschland besser und die Sonne scheint.

Aufgabe 4 (Track 1.34)

▷ Papa, die Sonne scheint! Ich gehe nach draußen. Ich will Fahrrad fahren.

▷ Das geht nicht, Finja. Dein Fahrrad ist doch kaputt.

▷ Ach ja. Kannst du es reparieren?

▷ Ja, aber nicht jetzt. Mama und ich wollen einkaufen gehen.

▷ Mama, es schneit! Darf ich nach draußen? Ich will mit Papa einen Schneemann bauen.

▷ Ja natürlich. Hast du deine Handschuhe?

▷ Ja, meine Handschuhe und meinen Schal.

▷ Gut, dann viel Spaß!

▷ Mama, ich habe die Hausaufgaben fertig!

▷ Schön! Dann kannst du jetzt nach draußen gehen.

▷ Nein, es ist kalt heute. Ich will nicht nach draußen. Ich will lieber fernsehen.

Aufgabe 8a (Track 1.35)

▷ Rabia? Welcher Tag ist heute?

▷ Der 26. April. Morgen hat deine Mutter Geburtstag.

▷ Ach ja, stimmt.

▶ Entschuldigung, ist heute der zehnte Januar oder der elfte?
▷ Der zehnte.
▶ Danke.

▶ Mama, welcher Tag ist heute?
▷ Heute ist Dienstag.
▶ Und das Datum?
▷ Der zweite Oktober.
▶ Der zweite Oktober? Dann muss ich morgen nicht in die Schule?!
▷ Genau, morgen ist ein Feiertag. Da hast du frei.

Aufgabe 9a/b (Track 1.36)

▶ Hallo, Mama. Du, ich bin ganz aufgeregt. Wir haben jetzt endlich einen Termin für unsere Hochzeit.
▷ Marco, wie schön. Ich freue mich so! Wann ist denn der große Tag?
▶ An einem Freitag im Juni.
▷ Freitag. Na ja gut, aber ein Samstag ist doch noch besser, oder?
▶ Ja, vielleicht. Aber samstags gibt es nie Termine. Das Standesamt macht nur ganz selten am Samstag auf.
▷ Na, dann muss es eben ein Freitag sein. Welches Datum genau ist es denn?
▶ Der 13. Juni.
▷ Was? Der 13.? Marco, das geht nicht. Auf keinen Fall!
▶ Wieso? Was ist denn falsch an dem Datum?
▷ Freitag, der 13. Das ist ein Unglückstag! Ihr werdet nicht glücklich, wenn ihr an so einem Tag heiratet. Ist denn Andrea einverstanden?
▶ Ja, Andrea sagt, Freitag der 13. ist ein Glückstag. Und Andrea hat immer recht.
▷ Hm. Na, ich weiß nicht. Wir reden noch mal darüber. Tschüss, Marco.
▶ Tschüss, Mama.

Aufgabe 10b (Track 1.37)

▶ Du, Laura? Wassila und Giovanni machen eine Grillparty. Kommst du auch?
▷ Ja, klar. Ich komme gern. Hast du schon ein Geschenk?
▶ Nein, aber ich will einen Kuchen backen. Giovanni liebt Kuchen.
▷ Ah, gute Idee. Und was mache ich? – Vielleicht schenke ich ihm ein Buch.
▶ Nein. Giovanni liest nicht gern. Blumen sind besser!
▷ Blumen? Für einen Mann?
▶ Warum nicht? Männer mögen auch Blumen …
▷ Hmm, ja, warum nicht. Giovanni liebt seinen Garten. Er hat viele Blumen.
▶ Das stimmt. Und er will noch Blumen pflanzen. Das hat er vorgestern erzählt.
▷ Perfekt! Dann kaufe ich ein paar Blumen für den Garten.

Übungstest Start Deutsch 1 (Track 2.36)

Hören, Teil 1

Markieren Sie: a, b oder c.
Sie hören jeden Text zweimal.

Beispiel
▶ Ich habe vergessen, welche Zimmernummer wir haben. Haben wir 61 oder 67?
▷ Das steht auf dem Zimmerschlüssel.
▶ Richtig!
▷ Und welche Zimmernummer haben wir?
▶ Wir haben 67.

Nummer 1
▶ Guten Tag. Haben Sie heute Birnen?
▷ Guten Tag. Birnen haben wir leider keine. Aber die Äpfel sind sehr schön.
▶ Ach nein. Äpfel mag ich nicht. Dann nehme ich Bananen.
▷ Diese hier?
▶ Hm, geben Sie mir lieber noch zwei.
▷ Aber gerne. Bitte sehr, Ihre Bananen. Das macht 2,99 Euro.

Nummer 2
▶ Entschuldigung, hält hier der Bus zum Bahnhof?
▷ Nein, hier halten die Busse 12 und 13. Die fahren nicht zum Bahnhof.
▶ Und wie komme ich bitte zum Bahnhof?
▷ Nehmen Sie am besten den Bus Nummer 30. Der hält gleich links an der nächsten Ecke.
▶ Vielen Dank!
▷ Bitte, gerne!

Nummer 3
▶ Kann ich Ihnen helfen?
▷ Ach ja, bitte. Ich möchte eine Hose kaufen. Sie soll zu dieser Jacke passen.
▶ Größe 52? Diese hier vielleicht? Die Farbe passt gut.
▷ Ja, die ist sehr schön. Die gefällt mir.
▶ Darf ich Ihnen vielleicht auch einen Pullover bringen?

Nummer 4
▶ Hallo, Yasmin!
▷ Hallo, Peter!
▶ Kommst Du morgen auch zum Fest?
▷ Ja, klar. Soll ich einen Kuchen mitbringen?
▶ Nein, lieber einen Salat, oder was zum Trinken.
▷ Ich kann einen Salat machen. Ist das in Ordnung?
▶ Sehr gut, ja. Dann bis morgen!
▷ Ja, bis morgen. Ich freue mich!

Nummer 5
▶ Guten Tag. Ich möchte meine Tochter anmelden.
▷ Die Anmeldung ist nebenan, Zimmer 215.
▶ Aber hier steht Zimmer 213 und Zimmer 214.
▷ Oh, das ist ein Fehler! Ich schreibe gleich einen neuen Zettel: Anmeldung in Zimmer 215, ab 13.00 Uhr.
▶ Okay, danke. Und auf Wiedersehen!
▷ Wiedersehen.

Nummer 6
▶ Guten Morgen, Frau Petri. Gehen Sie auch zur Bushaltestelle?
▷ Guten Morgen, Herr Alkan. Nein, heute nicht. Das Wetter ist so schön, da nehme ich lieber das Fahrrad zur Arbeit.
▶ Sehr gut! Aber Vorsicht – heute sind viele Autos auf der Straße!
▷ Alles klar! Auf Wiedersehen, Herr Alkan.
▶ Auf Wiedersehen, Frau Petri.

Hören, Teil 2

Markieren Sie: richtig (+) oder falsch (-)?
Sie hören jeden Text einmal.

Beispiel
Liebe Kunden! Essen Sie Gemüse und leben Sie gesund! Kommen Sie in unsere Lebensmittelabteilung im Untergeschoss. Wir haben für Sie heute ein besonderes Angebot: Paprika, Tomaten und Gurken zum halben Preis! Greifen Sie zu!

Nummer 7
Achtung, eine Durchsage: Die kleine Aysha findet ihre Mama nicht. Sie wartet auf Sie am Informationsschalter. Die Mutter soll Aysha bitte dort abholen. Ich wiederhole: Ayshas Mama bitte zum Informationsschalter im Erdgeschoss.

Nummer 8
Liebe Fahrgäste! Heute kommt es auf der U-Bahn-Linie U3 zwischen 9 und 11 Uhr zu Verspätungen wegen Wartungsarbeiten. Wir bitten um Entschuldigung für die längeren Wartezeiten. Vielen Dank!

Nummer 9
Liebe Kundinnen und Kunden, wir schließen in zehn Minuten. Bitte gehen Sie zur Kasse. Wir öffnen morgen wieder um 7 Uhr und sind wie immer bis 19 Uhr für Sie da. Vielen Dank für Ihren Einkauf und auf Wiedersehen.

Nummer 10
Meine Damen und Herren, wir erreichen in Kürze unseren nächsten Halt, Koblenz. Fahrgäste nach Saarbrücken steigen hier aus. Achtung: Ihr Anschlusszug fährt heute außerplanmäßig von Bahnsteig 2 ab. Ich wiederhole: Anschluss nach Saarbrücken von Bahnsteig 2.

Hören, Teil 3

Markieren Sie: a, b oder c
Sie hören jeden Text zweimal.

Nummer 11
Hallo, Murad, hier ist Antonio. Suchst du immer noch ein Zimmer? In unserer Wohnung ist ab erstem Oktober ein Zimmer frei. Das Zimmer ist hell und freundlich, und die Miete ist 300 Euro. Ruf mich gleich an! Tschüss!

Nummer 12
Guten Tag. Sie rufen außerhalb unserer Öffnungszeiten an. Diese sind: montags, dienstags, mittwochs und freitags von 8 bis 18 Uhr, donnerstags von 8 bis 20 Uhr und samstags von 8 bis 13 Uhr. Sie können uns eine Nachricht aufs Band sprechen. Wir rufen Sie gern zurück. Vielen Dank.

Nummer 13

Hallo Frau Koslow. Hier spricht Frank Maier, Ihr Nachbar. Ich komme morgen gegen Mittag aus dem Urlaub zurück. Darf ich mir am Nachmittag meinen zweiten Wohnungschlüssel abholen? Abends muss ich schon wieder weg. Danke, bis bald.

Nummer 14

Hey, ich bin's, Tomasz. Ich bin jetzt im Geschäft. Kartoffeln hab ich schon gekauft. Lammfleisch gibt es leider keins. Und welchen Käse soll ich kaufen? Ruf mich doch schnell mal an, okay?

Nummer 15

Guten Tag, Frau Lorenz. Hier ist die Praxis Dr. Demir. Sie haben am Dienstag einen Termin bei uns. Leider ist unsere Praxis Dienstag und Mittwoch geschlossen, Dr. Demir ist krank. Können Sie am Donnerstag um 14.30 Uhr kommen? Bitte rufen Sie uns kurz an. Vielen Dank.

A

ab	L6
Abend	L1
abends	L5
aber	L2
absagen	L9
Absender	L9
Achtung	L12
Adresse	L2
Ahnung	L11
allein	L8
alles	L1
Alltag	L5
als	L8
also	L3
alt	L2
Altbau	L6
Altenpflegeheim	L9
Ampel	L7
an	L3
anbei	L9
andere	L3
anfangen	L8
Angabe	L6
Angebot	L4
Ankunftszeit	L7
anmelden	L2
Anmeldung	L2
Anorak	L11
Anrede	L9
anrufen	L5
Ansage	L7
Antwort	L4
antworten	L1
Anzeige	L6
anziehen	L11
Anzug	L11
Apfel	L4
Apfelsaft	L4
Apotheke	L7
April	L12
Arbeit	L5
arbeiten	L2
Arbeitstag	L8
Arbeitszimmer	L6
Arm	L9
Arzt/Ärztin	L7
atmen	L9
auch	L1
auf	L1
Aufgabe	L4
aufregen	L12
aufstehen	L5
aufwachsen	L10
Auge	L9
August	L12
aus	L1
Ausbildung	L8
ausfüllen	L8
Aushilfe	L8
Auskunft	L7
Aussage	L1
außerdem	L7
außerplanmäßig	L7
Auto	L7
Automechaniker/in	L8

B

Babynahrung	L4
backen	L8
Bäcker/in	L8
Bad	L6
baden	L6
Badewanne	L6
Badezimmer	L6
Bahn	L7
Bahnhof	L7
bald	L8
Balkon	L6
Ball	L7
Banane	L4
Bank	L7
Bauch	L9
Bauchschmerzen	L9
bauen	L12
Bauernhof	L6
Baum	L12
beantworten	L10
Becher	L4
beginnen	L5
bei	L6
beide	L5
beige	L11
Bein	L9
Beispiel	L4
bekommen	L6
benutzen	L3
bequem	L11
berichten	L8
Beruf	L8
beruflich	L8
Bescheid	L9
Besichtigungstermin	L6
besser	L6
Besserung	L9
besten (am besten)	L11
bestimmt	L11
Besuch	L10
besuchen	L12
Betreff	L9
Bett	L5
bevor	L9
Bewegung	L10
bewölkt	L12
bezahlen	L7
Bibliothek	L7
Bier	L4
Bild	L2
bilden	L10
billig	L6
Birne	L4
bis	L5
bisschen	L1
Bistro	L4
bitte	L1
Blatt	L3
blau	L11
Blaubeere	L4
bleiben	L9
Bleistift	L3
blöd	L11
Blume	L10
Bluse	L11
Bohne	L4
brauchen	L4
braun	L11
Braut	L12
breit	L6
Brief	L9
Briefteil	L9
bringen	L11
Brot	L4
Brötchen	L4
Bruder	L2
Brust	L9
Buch	L3

buchstabieren	L2
Bürgerbüro	L7
Büro	L5
Bürokaufmann/Bürokauffrau	L8
Bus	L7
Bushaltestelle	L7

C

Café	L7
Cent	L4
Chef/in	L8
circa	L6
Cola	L4
Computer	L5
Computerprogramm	L8
Computerspiel	L5
Computersystem	L8
Couscous	L4

D

da	L3
dafür	L7
danach	L9
Dank	L12
danke	L1
dann	L1
darüber	L12
das	L1
Datum	L9
dauern	L8
dazu	L6
dein/deine	L2
denken	L11
denn	L4
der	L1
Deutsch	L1
Deutschkurs	L3
Deutschlandkarte	L12
Dezember	L12
Dialog	L1
die	L1
Diele	L6
Dienst	L10
Dienstag	L3
dieser/diese/dieses	L4
dir	L1
direkt	L6
doch	L3
Donnerstag	L3
dort	L6
Dose	L4
draußen	L6
dreimal	L8
dringend	L6
dritte	L7
du	L1
dunkel	L6
durch	L4
Durchsage	L7
dürfen	L9
Dusche	L6

E

eben	L12
Ei	L4
ein/eine	L1
einfach	L7
Einfamilienhaus	L6
einige	L4
einkaufen	L6
Einkaufsbummel	L11
Einkaufszettel	L4
einladen	L12
Einladung	L12

einmal	L2
einverstanden	L12
Einzelfahrkarte	L7
Eis	L12
Elektrogerät	L6
Ellbogen/Ellenbogen	L9
Eltern	L2
E-Mail	L2
Empfänger	L9
endlich	L3
eng	L11
Entschuldigung	L1
Entschuldigungsschreiben	L9
er	L1
Erbse	L4
Erdbeere	L4
Erdgeschoss	L6
erkälten	L9
Erkältung	L9
erklären	L3
ersetzen	L6
erst	L5
erste	L7
Erwachsene	L7
erzählen	L3
es	L1
essen	L4
etwas	L4
euch	L11
euer, eure	L9
Euro	L6
extra	L10

F

fahren	L7
Fahrer	L8
Fahrgast	L7
Fahrkarte	L7
Fahrrad	L7
fallen	L7
falsch	L2
Familie	L2
Familienfoto	L3
Familienname	L2
Familienstand	L2
fangen	L8
Farbe	L11
fast	L7
Februar	L12
Feier	L12
Feierabend	L8
feiern	L12
Feiertag	L3
Fenster	L3
Ferienhaus	L10
fernsehen	L5
Fernseher	L6
fertig	L4
Fest	L12
Fieber	L9
Film	L5
finden	L6
Finger	L9
Firma	L6
Fisch	L4
Flasche	L4
Fleisch	L4
flexibel	L8
Flughafen	L7
Flur	L6
Form	L1
Formular	L2
Foto	L3

fotografieren	L8
Frage	L1
fragen	L1
Frau	L1
frei	L6
Freitag	L3
freuen	L12
Freund/in	L5
freundlich	L8
frisch	L4
froh	L12
früh	L5
früher	L10
Frühling	L12
Frühstück	L4
frühstücken	L4
fühlen	L12
Führerschein	L8
für	L3
furchtbar	L11
Fußball	L5
Fußballspieler	L8

G

ganz	L1
Garage	L6
Garten	L6
Gartenparty	L12
Gast	L6
Gebäude	L7
geben	L7
geboren sein	L10
Geburtstag	L12
Geburtstagstorte	L12
geehrter/geehrte	L9
gefallen	L11
gegenseitig	L11
gegenüber	L7
gehen	L5
gelb	L11
Geld	L6
gemeinsam	L4
Gemüse	L4
gemütlich	L6
genau	L3
genauso	L11
geöffnet	L5
gepflegt	L6
gerade	L10
geradeaus	L7
Gerät	L6
gern	L4
Geschäft	L6
Geschenk	L12
geschieden	L2
Geschwister	L2
Gesicht	L9
Gespräch	L6
gestern	L3
Gesundheit	L9
Gesundheitskarte	L9
Getränk	L4
Gitarre	L8
Glas	L4
glauben	L11
gleich	L4
Gleis	L7
glücklich	L12
Glückstag	L12
Grad	L12
Gramm	L4
Grammatik	L1
grau	L11

grillen	L5
Grippe	L9
groß	L3
Größe	L6
grün	L6
Gruppe	L9
Gruß	L3
gucken	L10
gültig	L7
günstig	L11
gut	L1

H

Haar	L9
haben	L2
hageln	L12
halb	L5
halbtags	L8
hallo	L1
Hals	L9
Hals-Nasen-Ohren-Arzt (HNO)	L9
Halsweh	L9
halten	L7
Haltestelle	L7
Hand	L9
Handschuh	L12
Handynummer	L2
hängen	L6
Hase	L12
hässlich	L6
Hauptbahnhof	L7
Hauptsache	L6
Haus	L6
Hausarzt	L9
Hausaufgabe	L3
Hausflur	L10
Hausmann/Hausfrau	L8
Hausnummer	L2
Haustier	L6
Heft	L3
Heimatland	L2
heiraten	L10
heiß	L9
heißen	L1
Heizung	L6
helfen	L6
hell	L6
Hemd	L11
Herbst	L12
Herd	L6
Herr	L1
heute	L3
hier	L2
Hilfe	L6
Himbeere	L4
Himmelsrichtung	L12
hinten	L6
hinter	L7
Hobby	L10
Hochhaus	L6
Hochzeit	L12
Hochzeitsfeier	L12
Honig	L4
hören	L1
Hose	L11
Hotel	L7
Hund	L8
Hunger	L5
Husten	L9
Hustensaft	L9

I

ich	L1
Idee	L5
ihm	L11
Ihnen	L1
ihr	L1
Ihr/Ihre	L2
ihr/ihre	L6
immer	L3
Immobilie	L6
in	L2
Information	L2
Informationsschalter	L7
Ingenieur	L10
Insel	L10
Inselrundfahrt	L10
insgesamt	L6
installieren	L8
Intercity	L7
interessant	L6
Interview	L5

J

ja	L1
Jacke	L11
Jahr	L2
Jahreszahl	L12
Jahreszeit	L12
Januar	L12
Jeans	L11
jeder/jede/jedes	L6
jetzt	L2
Jobcenter	L7
Jogginganzug	L11
Joghurt	L4
Juli	L12
Juni	L6

K

Kaffee	L4
Kaffeemaschine	L6
Kalender	L12
kalt	L6
Kantine	L8
kaputt	L8
Karte	L3
Kartoffel	L4
Käse	L4
Kasse	L8
Kassenbon	L11
Kassierer/in	L8
kaufen	L4
Kauffrau	L8
Kaufhaus	L11
Kaution	L6
kein/keine	L2
Keks	L4
Keller	L6
Kellner/in	L8
kennen	L10
Kichererbse	L4
Kilo	L4
Kind	L2
Kindergarten	L2
Kinderzimmer	L6
Kino	L7
Kirche	L7
Kirsche	L4
Kiwi	L4
Klamotten	L11
klar	L1
klasse	L11
Kleid	L11
Kleiderschrank	L6

Kleidung	L11
Kleidungsstücke	L11
klein	L3
klingeln	L8
Knie	L9
knifflig	L3
Koch/Köchin	L8
kochen	L5
Koffer	L10
Kollege/Kollegin	L8
kommen	L1
können	L5
Kontakt	L2
Kontrolle	L4
Konzert	L8
Kopf	L9
Kopfschmerzen	L9
Körper	L9
Körperteil	L9
korrigieren	L8
kosten	L4
Kraftfahrzeug (KFZ)	L8
krank	L9
Krankenhaus	L7
Krankenkasse	L7
Krankenpfleger/ Krankenschwester	L8
Krankheit	L9
Krankmeldung	L9
kreativ	L8
Kreuzung	L7
Küche	L6
Kuchen	L4
Kugelschreiber (Kuli)	L3
Kühlschrank	L6
Kunde/Kundin	L4
Kurs	L1
Kursbuch	L3
Kursraum	L3
Kursteilnehmer/in	L1
kurz	L4
Kurzstrecke	L7

L

Lammfleisch	L4
Lampe	L3
Land	L1
Landkarte	L3
lang	L6
langsam	L3
langweilig	L8
lassen	L6
laut	L6
leben	L2
Lebensmittel	L4
lecker	L5
ledig	L2
Lehrer/in	L3
leider	L5
lernen	L3
lesen	L3
letzte	L10
Leute	L8
lieber/liebe	L3
lieben	L12
liebsten (am liebsten)	L6
liegen	L6
lila	L11
Limonade (Limo)	L4
Linie	L7
links	L7
Liste	L3
Liter	L4

Lösung	L7
Luftballon	L12
lustig	L12

M

machen	L3
Mai	L12
Mama	L12
man	L4
manchmal	L5
Mandarine	L4
Mango	L4
Mann	L1
Mantel	L11
Markt	L4
Marmelade	L4
März	L9
Mathematik	L8
maximal	L6
Medikament	L9
Meer	L10
Mehl	L4
mehr	L5
Mehrfamilienhaus	L6
mein/meine	L1
meisten (am meisten)	L11
meistens	L4
Melone	L4
Mengenangabe	L4
Mensch	L8
Meter	L7
Metzger	L7
Miete	L6
Milch	L4
Milchprodukt	L4
mindestens	L6
minus	L12
Minute	L7
mir	L3
mit	L1
mitbringen	L12
Mittag	L5
Mittagessen	L8
mittags	L5
Mittagspause	L5
Mittwoch	L3
Möbel	L6
Mobilität	L7
möbliert	L6
möchten	L2
Mode	L11
Modell	L11
modern	L6
mögen	L4
Möhre	L4
Moment	L8
Monat	L6
Monatsmiete	L6
Mond	L10
Montag	L3
morgen	L1
Morgen	L5
morgens	L5
Motorrad	L7
müde	L5
Müll	L6
Mund	L9
Musik	L5
Musiklehrer/in	L8
müssen	L4
Mutter	L2
Mütze	L11

N

nach	L2
Nachbar/in	L10
nachfragen	L7
Nachmittag	L5
nachmittags	L5
Nachname	L2
nächster/nächste/nächstes	L7
Nacht	L1
Nachtdienst	L8
nachts	L5
Nacken	L9
Name	L1
Nase	L9
nass	L12
Natur	L10
natürlich	L3
nebelig	L12
neben	L6
Nebenkosten	L6
nehmen	L4
nein	L1
nett	L3
neu	L1
nicht	L1
nichts	L7
nie	L5
noch	L2
nochmal	L7
Norden	L12
Notfallsprechstunde	L9
Notizzettel	L5
November	L12
Nudel	L4
nun	L12
nur	L4

O

Obergeschoss	L6
Obst	L4
Obstsalat	L4
oder	L1
öffentlich	L7
oft	L5
ohne	L6
Ohr	L9
Oktober	L12
Oktoberfest	L12
Olivenöl	L4
Oma	L12
online	L11
Orange	L4
orange	L11
ordnen	L4
Ordnung	L11
organisieren	L8
Orientierung	L7
Ort	L6
Orthopäde	L9
Osten	L12
Osterei	L12
Osterfest	L12
Osterhase	L12
Ostern	L12

P

Paar	L11
packen	L10
Packung	L4
Papa	L12
Papier	L3
Papierkorb	L3
Paprika	L4
Park	L7

Parkgebühr	L7
Parkplatz	L7
Partner/in	L4
passen	L11
Patient/in	L9
Pause	L3
per	L9
Person	L1
Pflanze	L6
Pflaster	L9
Pflege	L8
Pfund	L4
Pilz	L4
Pizza	L5
Pizzafahrer	L8
Pizzeria	L8
Plan	L6
planen	L4
Platz	L6
Polizei	L7
Position	L7
positiv	L11
Post	L7
Postkarte	L10
Postleitzahl	L2
Praktikum	L9
Praktikumsbetreuerin	L9
praktisch	L7
Praxis	L9
Praxisgemeinschaft	L9
Preis	L4
pro	L4
probieren	L11
Problem	L3
Projektor	L3
Prospekt	L11
prüfen	L8
Pudding	L4
Pullover	L11
pünktlich	L8
putzen	L5

Q

Quadratmeter	L6

R

Radiergummi	L3
Radio	L8
raten	L11
Rathaus	L7
rauchen	L9
Raum	L3
räumen	L12
rechnen	L8
rechts	L7
reden	L12
Regal	L6
regelmäßig	L9
Regionalbahn	L7
regnen	L12
Reihenhaus	L6
Reis	L4
Reise	L10
Rentner/in	L8
Reparatur	L8
reparieren	L8
Reporter	L8
Restaurant	L7
Rezept	L9
richtig	L1
Rindfleisch	L4
Rock	L11
Roman	L8
rot	L9

Rücken	L9
Rucksack	L3
Ruhe	L7
ruhig	L6
rund	L9

S

Sache	L3
Saft	L4
sagen	L3
Sahne	L4
Salat	L4
Salbe	L9
Salz	L4
Samstag	L3
samstags	L12
Satz	L1
schade	L5
Schal	L11
Schatz	L12
schauen	L6
scheinen	L12
schenken	L12
schicken	L9
Schienenersatzverkehr	L7
Schiff	L10
schlafen	L5
Schlafzimmer	L6
schlecht	L12
schlimm	L8
Schluss	L5
Schlüssel	L3
schmal	L6
schmecken	L4
Schmerz	L9
Schnee	L12
Schneemann	L12
schneien	L12
schnell	L3
Schnupfen	L9
Schokolade	L4
Schokoladenkuchen	L12
schön	L4
Schrank	L6
schreiben	L1
Schuh	L11
Schule	L5
Schüler/in	L8
Schulter	L9
Schwägerin	L2
schwanger	L9
schwarz	L11
Schweinefleisch	L4
Schwester	L2
Schwiegertochter	L2
Schwiegervater	L2
Schwimmbad	L7
Seehund	L10
schon	L3
sehr	L1
sein	L1
sein/seine	L9
Seite	L3
Sekt	L12
selten	L7
September	L12
servieren	L8
Sessel	L6
Shirt	L11
sich	L4
sicher	L11
Sie	L1
sie	L1

Alphabetische Wortschatzliste zu A1

singen	L6	Tageskarte	L7	Verfügung	L7
sitzen	L6	tanzen	L12	vergessen	L11
Ski	L10	Tasche	L3	vergleichen	L2
so	L1	Tasse	L4	verheiratet	L2
Socke	L11	Taxi	L7	Verkäufer/in	L4
Sofa	L6	Taxifahrer/in	L8	Verkehrsmittel	L7
sofort	L6	Techniker/in	L8	verschieden	L9
Sohn	L2	Tee	L4	verstanden	L7
sollen	L6	Telefon	L8	verstehen	L3
Sommer	L12	telefonieren	L5	verwitwet	L2
Sonderangebot	L6	Telefonnummer	L2	verzögern	L7
Sonne	L6	Teller	L12	viel	L2
sonnig	L12	Tennis	L10	vielleicht	L8
Sonntag	L3	Teppich	L6	Viertel	L5
sonst	L4	Termin	L9	Volkshochschule (VHS)	L7
sonstiges	L6	Terrasse	L6	voll	L7
sowieso	L7	teuer	L4	von	L4
Spaß	L3	Text	L3	vor	L5
spät	L5	Tipp	L4	vorbei	L7
später	L7	Tisch	L3	vorgestern	L3
spazieren	L5	Tochter	L2	Vormittag	L5
Spezialität	L12	Toilette	L6	vormittags	L5
Spiel	L5	toll	L6	Vorname	L2
spielen	L3	Tomate	L4	vorne	L7
Spitzer	L3	Torte	L12	Vorsorge	L9
Sport	L5	Tourist	L10	vorstellen	L2
Sportschuh	L11	tragen	L11		
Sprache	L1	Traube	L4	**W**	
Sprachschule	L6	Traumberuf	L8	wählen	L8
sprechen	L1	Traumwohnung	L6	Wand	L3
Sprechstunde	L9	treffen	L8	wann	L5
Sprechstundenhilfe	L9	trinken	L4	warm	L12
Sprechzimmer	L9	trocken	L12	warten	L7
spülen	L6	Tropfen	L9	Wartezimmer	L9
Spülmaschine	L6	tschüss	L1	warum	L6
Stadt	L6	tun	L5	was	L1
Stadtplan	L7	Tür	L3	waschen	L6
Stadtwald	L7	typisch	L11	Waschmaschine	L6
Standesamt	L12			Wasser	L4
stark	L9	**U**		WC	L6
stehen	L4	über	L2	Wechsel	L9
steigen	L7	überall	L7	wechseln	L9
stellen	L12	überhaupt	L11	Weg	L7
Stirn	L9	übermorgen	L3	wegziehen	L6
Strand	L10	Übung	L3	wehtun	L9
Straße	L2	Übungsbuch	L3	Weihnachten	L12
Straßenbahn	L7	Uhr	L5	Weihnachtsbaum	L12
streichen	L4	Uhrzeit	L5	Weihnachtsfeier	L12
Stress	L8	um	L5	Weihnachtsgeschenk	L12
stressig	L10	umsteigen	L7	Weihnachtsmann	L12
Strickjacke	L11	umtauschen	L11	Wein	L4
Strumpf	L11	unbedingt	L6	weiter	L6
Stück	L4	und	L1	welcher/welche/welches	L2
Student/in	L8	ungefähr	L7	Weltfrauentag	L12
studieren	L8	ungemütlich	L6	wenn	L6
Studium	L10	unglücklich	L12	wer	L1
Stuhl	L3	Unglückstag	L12	werden	L6
Stunde	L5	Universität	L8	Werkstatt	L8
stundenlang	L10	unregelmäßig	L10	Westdeutschland	L12
Stundenplan	L5	uns	L11	Westen	L12
suchen	L6	unser/unsere	L6	Wetter	L10
Süden	L12	unter	L7	Wetterbericht	L12
super	L6	Unterricht	L5	wichtig	L6
supergut	L1	unterrichten	L8	wie	L1
Supermarkt	L5	Unterschrift	L9	wieder	L9
Suppe	L10	unterstreichen	L4	Wiederhören	L8
süß	L10	Untersuchung	L9	wiederkommen	L9
		Urlaub	L10	Wiedersehen	L1
T				wieso	L12
Tabelle	L3	**V**		willkommen	L2
Tablette	L9	Vater	L2	windig	L12
Tafel	L3	Verband	L9	Winter	L7
Tag	L1	verbinden	L4	Wintermantel	L11
		verdienen	L10		

wir	L2	Wörterbuch	L3	Zitrone	L4
wissen	L1	wunderschön	L6	zu	L2
wo	L1	wünschen	L6	zu Fuß	L6
Woche	L3			zu Hause	L5
Wochenende	L3	**Z**		Zucker	L4
Wochenmarkt	L7	Zahl	L2	zuerst	L8
woher	L1	zahlen	L6	Zug	L7
wohin	L7	Zahn	L9	zurück	L11
wohnen	L2	Zeh	L9	zurzeit	L9
Wohnort	L2	zeichnen	L5	zusammen	L3
Wohnung	L5	zeigen	L3	zweimal	L7
Wohnungsanzeige	L6	Zeit	L5	zweite	L7
Wohnungssuche	L6	Zeitung	L6	Zwiebel	L4
Wohnzimmer	L6	Zentrum	L6	zwischen	L7
wollen	L7	Zettel	L3		
Wort	L1	Zimmer	L6		

Kompetent und qualifiziert!

Praxisnahe Weiterbildung für Lehrkräfte und Mitarbeitende im Bereich Sprachen:

- Intensivseminare, Workshops und Lehrgänge mit Zertifizierung

- Qualifizierung von telc Prüfenden und Bewertenden

- Inhouse-Veranstaltungen und Wunschthemen für Ihre interne Weiterbildung